TE GAST IN **Jordanië & Syrië**

Samenstelling en redactie
Mariëtte van Beek

Uitgeverij Informatie Verre Reizen

Colofon

Uitgave
Informatie Verre Reizen VOF
Postbus 1504, 6501 BM Nijmegen
Tel. 024-355 25 34
e-mail: info@tegastin.nl, website: www.tegastin.nl

Samenstelling en redactie, Mariëtte van Beek
Eindredactie, Kees van Teeffelen
Foto omslag, Mariëtte van Beek
Vormgeving, Mike van de Mortel
1e druk, maart 2010
ISBN 978-94-6016-014-1

Andere uitgaven TE GAST IN:
Indonesië • Maleisië • Thailand • Vietnam • Laos • Cambodja • China • Mongolië • Zuid-Korea • Tibet • Nepal • India • Sri Lanka • Egypte • Marokko • Turkije • Israël & de Palestijnse Gebieden • Iran • Oman • Jemen • Ghana • Oeganda • Kenia • Tanzania • Namibië • Zuid-Afrika • Guatemala & Honduras • Nicaragua • Costa Rica & Panama • Cuba • Curaçao • Suriname • Peru & Bolivia • Argentinië • Brazilië • Rusland • Baltische landen • Georgië & Armenië • Australië • Nieuw-Zeeland

Inhoud

Foto's: Mariëtte van Beek – Tamarindesapverkoper op de vrijdagmarkt in Oost-Amman

Mariëtte van Beek

Amman: traditioneel en überhip

Nergens in Jordanië is de tegenstelling tussen het mondaine en dorpse leven zo groot als in Amman. Toch lopen werelden er ook dwars door elkaar. Mariëtte van Beek vindt herders met geiten nabij de Amerikaanse ambassade in modern West-Amman en überhippe uitgaansgelegenheden in traditioneel Oost-Amman.

Op een eenvoudig terras in de schaduw van het Romeinse theater in Oost-Amman rust ik even uit. Rondom me zitten Jordaniërs loom lurkend aan waterpijpen, even verder nipt een verliefd stel – zij met charmante hoofddoek – aan kleine kopjes Turkse koffie. Naast me ploffen wat toeristen neer, toevallig Nederlanders, die, zo vang ik op, bezig zijn de bekende attracties van Amman te doen. De tempel van Hercules in de citadel van Jabal al-Qala`a en het theater hebben ze er net op zitten, de Koning Abdoellah I-moskee elders in de stad nog voor de boeg. Ik heb hetzelfde rondje al achter de rug, maar ben vastbesloten wat meer van Amman te ontdekken. "Is de vrijdagmarkt er nog?", vraag ik de ober. Mij is verteld dat die hier vlakbij, in de benedenstad, plaatsvond.

Even later loop ik voorbij de moskee van Al-Hoessein aan de King Al-Talal Street. Een echte oude soek kent Amman helaas niet, maar aan winkels is geen gebrek. Traditionele kledingzaken vol Palestijnse jurken en hoofddoeken bedienen vooral Jordaniërs zelf, de handelaren in traditionele kunstnijverheid kijken reikhalzend naar toeristen uit. Vandaag is het met de vrijdagse warenmarkt rond de moskee extra druk. Ik raak al snel in een menigte van enkel mannen verzeild. Gelukkig zitten verderop wel stevige soortgenoten: dames in eenvoudige katoenen jurken die vanaf de stoeprand kippen en ganzen aanbieden.

De hoge met kunstbloemen versierde koperen containers op de ruggen van tamarindesapverkopers steken boven iedereen uit. Ze doen goede zaken, er valt veel dorst te lessen vandaag. Een Palestijnse handelaar in plastic huishoudwaren die me ziet kijken, biedt als alternatief een kopje thee aan. "Weet je", zo vertelt hij lachend, "de vrijdagmarkt wordt ook wel dievenmarkt genoemd, want de herkomst van veel spullen is niet altijd duidelijk. Kleding die je duur in de City Mall in West-Amman koopt, kun je hier voor een prikje krijgen."

Mecca Mall

Om te ontsnappen aan de hitte en drukte van Oost-Amman begeef ik me aan het einde van de middag naar het westelijke deel van de stad. Of beter: de koelte van Al-Sanabel, een van de relaxte gelegenheden aan de trendy Abdoen Circle waar rijke en hippe Jordaniërs met familie of vrienden hun niet-alcoholische drankje komen nuttigen. Traditionele gewaden zie je hier niet, vrouwen des te meer. Grote dure auto's rijden af en aan, de parkeerwachten hebben het druk. In Al-Sanabel tref ik de vriendelijke Wa`ad, een jonge Saoedische vrouw die vanachter de laptop en trekkend aan haar waterpijp vertelt dat ze co-assistent is in het militaire ziekenhuis van Amman. Wa`ad heeft het druk, ze heeft les in alles dat in eigen land voor vrouwen *not done* maar ook elders op de wereld best gedurfd is: vliegen, duiken, jetskiën, karten, schieten en paardrijden. En natuurlijk uitgaan en dansen.

Villa in de Abdoen-*area* in West-Amman

Een uur verder zoef ik in de witte Toyota Camry van Wa`ad over Ammans wegen. Langs de protserige witte villa's in de Abdoen-*area* en dito diplomatieke vestingen. Nabij de zwaar bewaakte Amerikaanse ambassade loopt een herder met zijn geiten op een verlaten stuk grond, tussen de City Mall en de Mecca Mall komt een vrouw op een ezel voorbij. Onwezenlijke taferelen in dit deel van de stad. "Ik ben gek op het oude Oost-Amman", geeft Wa`ad als schijnbaar commentaar terwijl we door het financiële district Abdilli rijden. Maar ze wil me de buurt rond Rainbow Street laten zien, in Oost-Amman, waar de laatste jaren veel opgeknapt is, en dat als nieuwe uitgaanswijk helemaal in de lift zit. Uit de autospeakers weerklinkt melodieus een liefdeslied van de beroemde Libanese zangeres Fayrouz. "Ze is al oud", zucht Wa`ad, "maar nog altijd even goed."

Zicht op Amman vanuit het trendy Books@café

Retrobehang

Bij het vallen van de nacht verdwijnen alle twijfels over de schoonheid van Amman. De gloed van het avondlicht over de witte huizenblokken en de fonkelende lichtjes op de donkere heuvels zijn adembenemend. Wa`ad heeft gelijk, het hooggelegen Oost-Amman is fantastisch gerestyled en het uitzicht vanaf het pleintje bij Jara Café subliem. De dakterrassen van het café liggen wat lager voor ons en zitten vol met waterpijp rokende, sapjes drinkende en druk telefonerende jongelui. Beneden is een privéfeest aan de gang. Vlakbij ons stopt een witte open cabrio, twee mannen in witte lange gewaden en doeken op het hoofd stappen uit. "Saoediërs", zegt Wa`ad, die haar landgenoten uit duizenden herkent, "de meeste Ammani's kunnen het zich niet veroorloven hier ooit te komen." Datzelfde geldt ook voor het Books@café even verderop in de Omar Bin Khaṭab Street. Via ruimten vol retrobehang komen we op de terrassen boven de boekwinkel. Vooraan zitten vooral *expats*, achter meer Jordaniërs. Wa`ad stelt me voor aan Aref, een goede bekende, die er naast een stelletje in de loungebanken hangt: "Ik leef hier zo'n beetje", knikt hij bijna verontschuldigend.

Arabische muziek

Nog geen week later zit ik met Wa`ad in restaurant en dansgelegenheid Salute nabij de 1st Circle in Jabal Amman. Het is donderdagavond, het weekend is begonnen en dus gaan de stappers los. Al om negen uur 's avonds zitten we aan een tafel pal naast de dansvloer. Het publiek is een relaxte mix van jong en oud, stelletjes en vriendengroepen. Wa`ad heeft vier vriendinnen mee: twee Safa's, de Iraakse Asma en de half Jordaanse half Palestijnse Reem. De stemming zit er direct goed in als er Arabische hits worden gedraaid. "Muziek van Tamer Hosny en andere Egyptische popsterren", maakt Reem duidelijk. De dames maken al buikdansend sierlijke luchtbewegingen met hun handen, oudere mannen en jongens in strakke hemdjes over gespierde bovenpartijen klappen met de muziek mee. Asma fluit ongegeneerd en keihard tussen haar tanden. Vrolijk lachend en enthousiast meezingend zwaaien Wa`ad en Safa de tuiten van hun *argeelah's* (waterpijpen) in de rondte. En nemen tussendoor een slokje van hun wijn en limoen-met-muntdrankje.

Schakelen

Maar uitgaan met Jordaanse vriendinnen betekent dat je vroeg weer thuis bent. Nabij mijn hotel, aan Al-Malek Feisal Street, een stuk onder Rainbow Street, in echt *downtown* en nog niet opgesmukt Amman, zit ik daarom even na twaalven aan een broodje *falafel* in het grote Hashim restaurant. Het restaurant

is volks, maar zo goed dat zelfs de Jordaanse koning Abdoellah II en koningin Rania er een keer kwamen eten. Een van de trotse koks, die er razendsnel *foel* en *hoemoes* (bonen- en kikkererwtengerechten) opscheppen, laat als bewijs hun foto aan de heuse Wall of Fame zien.

De volgende dag belt Wa`ad om me mee te delen dat we naar de Gliding Club, het zweefvliegveld, gaan. Ze heeft al besloten dat ik een vlucht ga maken en een uur later maak ik kennis met instructeur *captain* Omar, een kalende dertiger in groene overall en met een donkere zonnebril op. De oproep tot het gezamenlijke vrijdagsgebed weerklinkt uit de twee moskeeën nabij de startbaan in Oost-Amman als we wachten op het vertrek van een privéjet voor ons. Omar steekt zijn duim op als het moment even later toch daar is, de kabel onder ons neervalt en we in de hemel boven de gebedshuizen zweven. Ik blijf schakelen tussen werelden. Weer op de grond is de preek nog in volle gang.

Het zweefvliegveld van Oost-Amman

Madelon Stokman

Koningshuis als bindmiddel

De diverse bevolkingsgroepen van Jordanië vormen geen historische eenheid. Maar de creatie en volharding van het Hashemietische koningshuis bleken tot op heden een succesvol bindmiddel. Zo zeggen ook de Jordaniërs zelf.

"Zie je dat? De stad ligt er mooi bij 's avonds." Aziz wijst vanaf zijn dakterras naar de heuvels van het omringende Amman. "En dan te bedenken dat dit in zestig Jaar is opgebouwd." Aziz kijkt met trots naar zijn hoofdstad. Met brede straten en witte huizen oogt de stad nieuw. Toen het Hashemietisch Koninkrijk Jordanië in 1946 werd gesticht, was Amman slechts een kleine stad. Maar sinds de onafhankelijkheid veranderde de dunbevolkte bedoeïenenstaat in een van de welvarendste landen in het Midden-Oosten. Tegenwoordig wonen er ruim tweeënhalf miljoen mensen in Amman. "Ook de koning heeft een mooi uitzicht." Aziz kijkt bijna dromerig in de richting van het paleis, een heuvel of wat verderop.
Even later gebaart Aziz verguld naar de foto van koning Abdoellah II, die in zijn woonkamer hangt. "Hoe verdeeld we ook zijn, iedereen heeft zijn foto." Het was me al eerder opgevallen. In winkels, op *billboards* op straat en bij Jordaniërs thuis, de koning is er altijd bij. De ene keer portretteert de koning zich als chique zakenman, de andere keer maakt hij indruk in zijn militaire uniform. De konink-

Foto's: Mariëtte van Beek – Overal vind je foto's van de koninklijke familie

lijke familie speelt een grote rol in de samenleving. Van oudsher functioneert zij als bindmiddel. Bij gebrek aan een eenduidige geschiedenis of bevolkingssamenstelling is de familie de belichaming van de Jordaanse eenheid. "Zonder de koningen hadden we het nooit gered."

Profeet Mohammed

"Weet je wat ons Jordaniërs maakt?" Aziz verwacht geen antwoord. "We zijn allemaal Arabieren, we zijn allemaal moslims, we zijn één familie. En het belangrijkste: onze koning." De koninklijke familie had oorspronkelijk weinig historische verbintenis met het grondgebied en zijn bewoners. Afkomstig van het Arabisch schiereiland en door de Britten tijdens de mandaatperiode aan het hoofd van Transjordanië gesteld, moest de band tussen familie en land groeien. Met de stichting van

Transjordanië in 1921 werd Abdoellah I aangewezen als heerser van het gebied. Abdoellah I was afkomstig uit de familie van de Hashemieten, met een afstamming die terugging tot de tijden van de profeet Mohammed. Als nazaten van de profeet hadden de Hashemieten een bijzonder groot aanzien onder de bedoeïenen. Bovendien had de familie tijdens de Eerste Wereldoorlog de Arabische revolutie geleid. Samen met de Fransen en Britten streden zij tegen het Ottomaanse Rijk. Hoewel zij in de veronderstelling waren dat er na een overwinning een groot Arabisch Rijk zou worden gesticht, bleek dat de Europese grootmachten het gebied al hadden verdeeld. Uiteindelijk kreeg Abdoellah Transjordanië, zijn broer Feisal Irak. Transjordanië werd in 1946 officieel onafhankelijk en kreeg de toepasselijke naam: het Hashemietisch Koninkrijk Jordanië. "We leerden dit natuurlijk alle-maal op school. De gevolgen van de geschiedenis zijn immers nog steeds voelbaar in de verdeeldheid van onze landen", verzucht Aziz.

In het gecreëerde Jordanië moest de koninklijke familie de eenheid van het land belichamen en de verspreide stammen verenigen. Door het benadrukken van de verwantschap aan de profeet Mohammed lukte dat heel aardig. Daarbij maakt de heldhaftige geschiedenis van de Hashemietische familie nog steeds alle Jordaniërs trots. Maar, ook al is in het verdeelde Jordanië Abdoellah's familie een gezamenlijke factor, tot op de dag van vandaag zijn de bedoeïenen het meest loyaal aan de koning. "Begrijpelijk", volgens Aziz, "zij streden immers samen met de Hashemieten tegen de Ottomanen."

Inmiddels is de Jordaanse bevolking nog verdeelder dan in de Ottomaanse tijd. De oorspronkelijke bedoeïenen worden in aantal overstemd door diverse generaties Palestijnse vluchtelingen. Als gevolg van het uitroepen van de staat Israël in 1948 kwamen er vele vluchtelingen naar Jordanië. "Mijn familie was daar ook bij." Aziz roert bedachtzaam in zijn thee. Hij wijst naar de verroeste sleutel die aan de muur hangt. "Die is een van de weinige bezittingen die mijn ouders bij hun vlucht hebben meegenomen." Het was ooit de sleutel van zijn ouderlijk huis, in een dorp nabij Tel Aviv. Zijn familie vestigde zich samen met vele anderen in Amman. En doordat Jordanië de Westelijke Jordaanoever annexeerde, was de meerderheid van de Jordaanse bevolking Palestijns. In 1967 kwam er na de Zesdaagse Oorlog en bezetting van de Westelijke Jordaanoever door Israël een nieuwe vluchtelingenstroom Palestijnen bij. Het land had door de demografische verschuiving problemen om de Jordaanse identiteit te behouden.

Dreigingen

Aanvallen over en weer tussen het Israëlische leger en Palestijnse groeperingen op Jordaans grondgebied zorgden voor onrust en dode burgers. Koning Hoessein was bezorgd over de dreiging die er vanuit de Palestijnse groeperingen uitging tegen zijn heerschappij. In september 1970 (Zwarte September) verdreef het leger van Hoessein de Palestijnse gewapende groeperingen naar het buitenland. Via Syrië kwamen zij uiteindelijk terecht in Libanon. Er vielen duizenden doden. Een strijd over de vertegenwoordiging van de Palestijnen volgde. Was het koning Hoessein of de PLO? Als reactie volgde er in de samenleving een opleving van het Jordaans sentiment onder de oorspronkelijke Jordaniërs, gestimuleerd door de koning. Deze besloot uiteindelijk in 1988 de claim op de Westelijke Jordaanoever te laten varen. Het was tijd om alle aandacht te vestigen op Jordanië en zijn bevolking.

Koning Hoessein en koning Abdoellah II

Niet lang daarna kwamen er weer grote groepen vluchtelingen het land binnen. De Iraakse inval in Koeweit in 1991 en de daarop volgende oorlog zorgde voor een toestroom van in Koeweit werkzame Palestijnen en Jordaniërs. Ook talloze Zuidoost-Aziaten zochten hun toevlucht in Jordanië. De invasie in Irak in 2003 door de Verenigde Staten zorgde voor een vluchtelingenstroom die het land nog verder onder druk zette. "Economisch is het er niet makkelijker op geworden. Alles is duurder, werk vinden en houden moeilijk. Je krijgt al snel scheve ogen tussen groepen." Aziz zelf heeft geluk. Als taxichauffeur heeft hij een vrij goed bestaan. Maar ook hij merkt de veranderingen. "Vooral het vinden van een woning is lastig, er zijn gewoon te weinig huizen."

Rood-witte kiffaya

De scherpe tegenstelling tussen de traditionele bedoeïenen en Palestijnen is niet zo zwart-wit als de geschiedenis misschien suggereert. Het merendeel van de bedoeïenstammen is niet meer nomadisch, maar woont in steden als Amman. Veel Palestijnen zijn in Jordanië geboren. Zij hebben als herinnering niet meer

Kiffaya's in alle kleuren

dan een oude verroeste sleutel aan de muur, de verhalen van hun ouders en de wens om ooit naar Palestina te mogen. Een Jordaans-Palestijnse identiteit als onderdeel van de Jordaanse eenheid lijkt al geboren.

In het straatbeeld is zo hier en daar de diversiteit van de Jordaanse bevolking letterlijk te zien. Aziz loopt naar zijn kast en haalt daar zijn *kiffaya* uit. Een zwart-wit geblokte doek komt tevoorschijn. Hij legt hem over zijn hoofd en staat voor de spiegel. "Als ik dit draag weet iedereen dat ik een Palestijn ben." De traditionele rood-witte kiffaya wordt gedragen door de bedoeïenen. Onderscheid moet er zijn. Palestijnen en bedoeienen zijn beiden trots op hun afkomst. "Natuurlijk ben en blijf ik een Palestijn. Maar ik ben ook een Jordaniër." Aziz doet zijn kiffaya weer af en gaat zitten. Hij pakt zijn kop thee en houdt hem omhoog richting de foto van de jonge, in een neutraal pak gestoken koning Abdoellah. "*Sahha!*" Proost!

Anthon Keuchenius

De Jordaanse kunstbus

De National Gallery of Fine Arts huist in twee panden aan weers-
zijden van een parkje in Amman. Khalil Madjali is er de PR-man.
Aan de wand van zijn kantoor een doek van de Italiaan Armando
Pron: zicht op Amman. Pron bezocht Amman in 1939 op verzoek
van de jonge prinses Wadjan, om haar en andere Jordaniërs
schilderles te geven. Zeven decennia later is de prinses ruim in
de negentig, gepromoveerd in de kunsten en beeldend kunstenaar met bescheiden succes. Minder bescheiden is haar inbreng
als hoedster en sponsor van de Jordaanse kunstenaarswereld,
zegt Madjali. De National Gallery bezit de grootste collectie kunst
uit de '*developing world*'. Baanbrekende tentoonstellingen als
Breaking the Veils – kunst van louter vrouwen uit ontwikkelings-
landen – gaan de wereld rond. Symposia in Jordanië zelf – vaak
in het bij kunstenaars geliefde Petra – promoten de kunst ook
binnenslands. In het park tussen de twee panden staan sculp-
turen tentoongesteld. Op zolder is plaats voor een grote biblio-
theek. In de kelder huist een atelier.

Foto's: Nico te Laak – National Gallery of Fine Arts in Amman

Suheil Baqaeen in zijn atelier

Daar mag iedereen, altijd en kosteloos werken, zegt Suheil Baqaeen, een energieke vijftiger die na een carrière in de luchtvaartwereld besloten heeft verder als kunstenaar door het leven te gaan. Tien jaar was Baqaeen toen hij als jongetje uit een arm gezin kennismaakte met tekenen, kleur en kunst, via een project van UNICEF. Nu gaat Baqaeen zelf het land door, samen met Madjali en een busje vol kunst en schilderspullen. "Liefst naar arme dorpjes, of bij de bedoeïenen. Er wordt in Jordanië niet getekend, niet geknutseld op school. Ik wil kinderen de kracht van kleur leren." Eerst laten Baqaeen en Madjali twintig werken zien van Jordaanse kunstenaars. Daarna is het tijd voor de workshop. Baqaeen: "Kras maar! Experimenteer! Doe iets met kleur. Geef kleur aan je leven, want het leven is kleur. Dan ga je van je omgeving houden, en daar ook voor zorgen. Precies wat we willen." Baqaeen gaat ook in hoofdstad Amman af en toe de straat op, muurschilderingen maken. "Ik laat voorbijgangers meedoen. De meesten vinden het raar, toch doen ze uiteindelijk mee." Maar liggen kunst en afbeelden nu wel of niet gevoelig in de islam? Baqaeen: "We vechten dagelijks tegen de fanatici.

Die weten niet dat God juist houdt van alles wat mooi is. Dat kan je al eeuwenlang zien in de islam. Kunstenaars als Matisse en Picasso zijn geïnspireerd door die islamitische kunst." Jordaniërs met geld kopen tegenwoordig graag kunst, zegt Baqaeen. Dat heeft geleid tot de komst van veel galeries, met werken die tienduizend tot veertigduizend euro opbrengen. "Dat komt ook door de grote Iraakse kunstenaarskolonie, op de vlucht voor de oorlog. Die heeft voor een gezonde concurrentie gezorgd."

Dat is te zien in Rainbow Street, misschien wel de hipste straat van Amman. 's Zomers is er de kunstmarkt Soek Jara. Je vindt er galerieën als Duinde, waar het bovendien prettig lunchen is. Of je rookt een waterpijp in Books@cafe, een tot *highbrow* loungebar uitgegroeide boekwinkel. Voor wat traditionelere kunst is er de showroom van de Jordan River Foundation (JRF), een koninklijke stichting die als taak heeft de Jordaanse ambachten in leven te houden. Dat is redelijk gelukt met de prachtige kleden, kussens en tapijten van (voormalig) bedoeïenenstam Bani Hamida. "Typisch Jordaans ambachtswerk", vertelt Gretta Khasho, manager van de stichting. "Weven doen de vrouwen van Bani Hamida op de grond, dat is vrij uniek. Toen we met dit project begonnen in de jaren tachtig waren er nog maar vijf, zes oude vrouwen die de techniek beheersten. Nu zijn dat er zeker zeventig." Toeristen moeten trouwens wel oppassen voor namaakwerk, waarschuwt Khasho. "Let dus goed op onze JRF-labels."

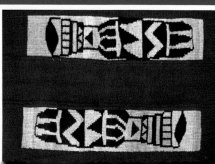

Traditionele weefpatronen

Mariëtte van Beek

Paradox van de oudsten

Wat hebben bedoeïenen en christenen in Jordanië gemeen? Beiden hebben voorvaders die al millennia geleden als nomaden in het land rondtrokken. Beiden kunnen zich beroepen op tradities en monumenten die ware toeristentrekkers zijn. Maar hun beider paradox wil ook dat hun eigen levens daar steeds meer los van staan. Verslag van geitenharen tenten met toiletvoorzieningen en een sociaal mozaïek dat fletser wordt.

Niets kan een mens voorbereiden op de ervaring die Petra is. In vlammend roze en geel zandsteen ligt de stad daar, groots en adembenemend. Ruim twee millennia geleden zijn hier in de bergen talloze huizen, tempels en graven uitgehouwen. Nu, deels verweerd en gepolijst door zon, wind en water gaan ze natuurlijk op in hun omgeving. Af en toe geflankeerd door palmbomen en roze orleanders. Tijdens mijn eerste bezoek aan Petra raak ik van haar in vervoering. Om weer even snel bij zinnen te komen.
"Wil je een lunch met kip of kaas?" Nabij Petra's Romeinse theater runnen opgeschoten jongemannen een batterij eet- en drinkgelegenheden. Met zwarte kohlranden onder de donkerbruine ogen en doeken strak naar achteren om het hoofd gebonden, lijken ze allemaal op Johnny Depp in *Pirates of the Caribbean*. Zo cultiveren ze de reputatie van de avontuurlijke bedoeïen. Niet verbazingwekkend dat veel westerse dames graag met ze op de foto willen. Maar ironisch is het wel: in de historische stad Petra woont immers geen enkele bedoeïen meer.

Uitgewoond

Het is de paradox van Petra. Al sinds mensenheugenis verblijven nomaden in deze contreien. Zelfs ook hele beroemde. De overlevering wil dat hier de aartsvaders van het jodendom, het christendom en de islam voorbijtrokken. De plaatsnamen Wadi Musa en Ain Musa herinneren aan Mozes die er met zijn stok een bron uit een rots deed ontstaan om de dorst te lessen van het joodse volk tijdens de uittocht naar het Beloofde Land. Jbel Haroun, dat het graf van Aäron herbergt, en de offerplaats waar Abraham Izaäk wilde doden, zijn bekende bedevaartsoorden.

Foto: Mariëtte van Beek – Moderne Nabateeër met toeriste

Het latere Sela, de oudtestamentische naam van Petra, werd sinds zijn bouw ruim tweeduizend jaar geleden ook altijd bewoond. En zo leefden bedoeïenen er tot voor kort in de rotswoningen van de oud-Arabische Nabateeërs terwijl hun geiten en kamelen tussen de Romeinse pilaren graasden. Maar Petra is al decennia ook dé toeristische trekpleister van Jordanië en de UNESCO verklaarde het in 1985 tot Werelderfgoed. Dat erfgoed kon niet verder uitgewoond worden, zo was de mening van experts en autoriteiten. De bedoeïenen blakerden de bergholen zwart met hun open vuren, en ezels liepen er vrij in en uit. Dus moesten de bedoeïenen weg. De bedoeïenenstammen van Petra kregen betonnen tweekamerwoningen toegewezen, in nieuwe dorpen die in de nabijheid werden opgetrokken. Maar het besluit tot verplaatsing stuitte op verzet. "Wij zijn de Nabateeërs van de moderne tijd", zeiden de bedoeïenen, "Petra is van ons." Toen het moment van de verplaatsing daar was, vielen meerdere doden tijdens gevechten met de politie. En dat allemaal rond de machtige Siq, de lange rotskloof die naar de beroemde façade van de Schatkamer van Petra leidt. Niet dat de bedoeïenen daar nu helemaal weg zijn. Overdag zijn ze nog in groten getale in Petra aanwezig. Ze zijn zelfs de enige Jordaniërs die er handel mogen drijven. En dus begeleiden bedoeïenenmannen je op een snelle rit te paard, grappen hun vrouwen vanachter souvenir-kraampjes dat hun handel 'goedkoper dan de Aldi' is, en komen de kinderen je met kleurige stenen of ezels, 'Ferrari's met aircon-ditioning', achterna.

Ontbijtbuffet

De bedoeïenen in het zuidelijker gelegen Wadi Rum doen verge-lijkbare zaken. "Een bedoeïenentent in de woestijn is een accom-modatie met wel duizend sterren", luidt hun slogan. Maar hoewel het aantal sterren in de woestijnhemel vast niet overdreven is,

Mariëtte van Beek – Jonge bedoeïenen voor de grafkamers van Petra

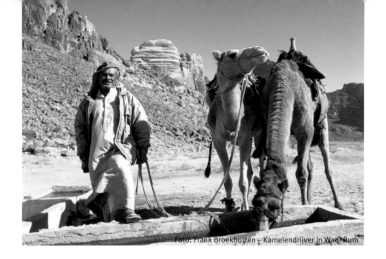
Foto: Frank Broekhuizen – Kamelendrijver in Wadi Rum

is de benaming bedoeïenentent dat meestal wel. Echte bedden, elektrische verlichting, toilet- en douchevoorzieningen, een gemetselde vuurplaats en een ontbijtbuffet geven je niet echt het gevoel onder nomaden te verkeren. Vrouwen of kinderen leven hier niet, mannen beheren de kampementen. En die zijn afgestemd op de wensen van westerlingen, aldus Ahmed, een van de trotse eigenaren van mijn kampplaats. "Bedoeïenen die nog met hun vee rondtrekken, zijn tegenwoordig een zeldzaam verschijnsel." Vooral watergebrek dwong de bedoeïenen de bewoonde wereld op te zoeken. Het toerisme verving de waterput als belangrijkste bron van leven in Wadi Rum.

Samen met de toeristen gaat Ahmed die middag verder de woestijn in. Twee fourwheeldrives scheuren over zandduinen en langs eindeloze grillige rotsformaties. De kleuren van de gesteenten wisselen met de namiddagse zonval, alle schakeringen rood, bruin en zwart komen voorbij. Stops zijn ingelast bij oude rotsschilderingen en natuurlijke, huizenhoge boogbruggen, die eenmaal beklommen, weidse stoffige uitzichten bieden. Dan duikt naast een enorme zandduin plots een geitenharen tent met toeristenwaar op. De zoete zwarte thee die er geserveerd wordt, smaakt voortreffelijk. Een reisgenoot koopt een sjaal, ik een armband. Was Abraham niet ook een handelsvorst?

Moderne exodus

Hoe dan ook, Abraham, Mozes en het Joodse volk trokken zeker langs een deel van de Koninklijke Hoofdweg, een populaire route onder toeristen die zich zuidwaarts naar Karak, Petra en Wadi Rum en noordwaarts naar Amman begeven. Madaba is daarbij een belangrijke stop nabij de hoofdstad. In het centrum herbergt de Grieks-orthodoxe Sint Joriskerk de grootste toeristenattractie: een eeuwenoud en uniek vloermozaïek met de landkaart van het Heilige Land. Elke dag trekken honderden bezoekers eraan voorbij. Op zoek naar de wortels van het christendom doen pelgrims daarnaast nog andere bezienswaardigheden in de omgeving aan. De berg Nebo vanwaar Mozes voor het eerst het Land van Kanaän aanschouwde en Betanië waar Johannes Jezus in de rivier de Jordaan doopte. Maar terwijl iedereen in Madaba wel vaart bij de dagelijkse westerse en christelijke influx, neemt de

Foto: Mariëtte van Beek – Grieks-orthodoxe St. Joriskerk van Madaba

christelijke gemeenschap van de stad zelf gestaag in omvang af. De Grieks-orthodoxe archimandriet Innokentios rept daar met geen woord over. Ik verblijf in het pension van zijn kerk en hij wil vooral dat ik het naar mijn zin heb. Hij reikt me een schaal bonbons aan. "Weet je", zo begint hij zijn verhaal, "de Grieks-orthodoxe kerk heeft hier de oudste wortels en nog altijd de meeste leden. Hun voorouders kwamen naar Madaba toen Saladin in Karak de kruisvaarders versloeg. De rooms-katholieken en de protestanten namen later wat Grieks-orthodoxe gelovigen over. Christenen uit Salt en Palestina voegden zich bij ons. Maar uiteindelijk zijn we één grote familie." Een familie die zich goed verhoudt tot de moslims in Madaba, aldus Innokentios. "Waarom zouden er anders moslimkinderen naar christelijke scholen komen?"

's Ochtends geven de muezzins van Madaba nadrukkelijk *acte de présence*. Nergens anders hoorde ik zo'n langdurige en allesoverheersende oproep tot het gebed. Is het toeval? De spanningen tussen christenen en moslims nemen toe sinds de vestiging van Palestijnen het sociale klimaat in de stad aanzienlijk hebben veranderd. Moslims maken nu zo'n driekwart van de bevolking van Madaba uit. Veel christenen houden het er inmiddels voor gezien. Ze emigreren bij voorkeur naar het Westen. Tijdens de vroege Grieks-orthodoxe zondagsmis speelt een klein meisje met kanten jurkje en rode lakschoentjes op het tapijt dat ter bescherming over het mozaïek van het Heilige Land is gelegd. Als het mozaïek later weer voor toeristen wordt blootgelegd, valt het een aantal van hen wat tegen: "Anders dan op de ansichtkaarten, veel fletser." Een treffende typering voor Madaba's sociale mozaïek als de moderne exodus zich doorzet.

Foto's: Mariëtte van Beek – Hippe hoofddoeken

Mariëtte van Beek

Sterke vrouwen?

"Wat zielig, die vrouwen." Het is een gevleugelde uitspraak onder
toeristen die Jordanië aandoen en er een veelvoud aan gesluierde
dames zien. Souad, leidinggevende bij een vrouwenwerkproject
van de River Jordan Foundation in Oost-Amman, zucht maar weer
eens. "Naar westerse maatstaven zijn de omstandigheden waarin
Jordaanse vrouwen en meisjes leven niet rooskleurig, en dat wordt
vooral aan de islam – en dus de sluier – geweten. Maar de enorme
onderlinge verschillen in ontwikkeling van Jordaanse vrouwen hangen minder samen met geloof dan met maatschappelijke positie."

Stellig verwoordt Souad haar jarenlange ervaring. "In de volks-
wijken delen christelijke en moslimfamilies dezelfde cultuur.
Een christelijke man die ons nog niet kent, kan daarom ook
heel moeilijk doen als zijn vrouw hier aan de slag wil gaan." In
Souads project ontwerpen en vervaardigen vrouwen van alle
gezindten moderne producten van textiel, inmiddels geliefde
items onder expats en toeristen. "Sluiers leveren we dus niet",
grapt Souad.

Vrouwenprojecten zoals die waarin Souad werkzaam is, zijn
door heel Jordanië te vinden. Buitenlandse bezoekers komen
vaak vanzelf bij een winkel van de Noor al-Hussein Foundation
als deze onderdeel uitmaakt van het toeristische programma
van hun touroperator. Maar minder bekend is dat ook binnen de
Royal Society for the Conservation of Nature (RSCN) vrouwen
opereren. Zo zijn in het Azraq Reservaat maar liefst vijf werk-
plaatsen waarin ruim twintig lokale vrouwen en meisjes kunstig
struisvogeleieren beschilderen, stoffen bedrukken en speelgoed maken. Allemaal hebben ze hun vak bij de RSCN geleerd.
Op deze manier ontwikkelen ze zichzelf en zijn ze financieel
stukken onafhankelijker. "Een groot voordeel is dat dat zo blijft,
zelfs als ze deze werkplek verlaten. Met de opgedane kennis
kunnen ze immers zelfstandig gaan", aldus Aylia, hoofd van de
groep die eieren decoreert. Haar eigen verhaal is ook typerend.
Haar zus kon studeren, maar toen zij aan de beurt was, was
het geld van haar familie op. In het reservaat vond ze een goed
alternatief om toch vooruit te komen.

Iets doen aan de economische situatie van Jordaanse vrouwen
is helaas niet genoeg om hun positie te verbeteren. "Eerwraak

is nog steeds een van de grootste problemen in Jordanië", aldus Reem, vertaalster en vrijwilligster bij het Sisterhood Is Global Institute (SIGI), een organisatie die zich behalve met arbeidswetgeving voor vrouwen ook met seksuele misdrijven bezighoudt. "Tot voor kort was het hier de omgekeerde wereld. Vrouwen verbleven in gevangenissen, niet omdat ze misdrijven hadden gepleegd, maar om veilig te zijn voor hun belagers. Dat is met de komst van het Safe House veranderd." Maar het Safe House, een soort Blijf-van-mijn-Lijf-huis, in Amman telt slechts veertien plaatsen. "Lang niet genoeg", klaagt Reem, "er moet nog veel gebeuren."

Reem en andere hoog opgeleide vrouwen tellen niettemin ook hun zegeningen in Jordanië. Zo vergelijken ze hun positie met die van hun zusters in Saoedi-Arabië en de Golfstaten. "Wij kunnen tenminste autorijden, wij hebben stemrecht." Belangrijke vrouwelijke rolmodellen zijn koningin Noor, vrouw van wijlen koning Hoessein, en de huidige koningin Rania. Maar met name Rania wekt met haar westerse levensstijl ook kritiek van conservatieve moslims op. "Of je een goede moslim bent, hangt niet van een sluier af", is steeds weer de officiële repliek. Die bij monde van reisgidsen braaf en veelvuldig tegenover toeristen herhaald wordt.

Vooruitstrevend zijn als je geld hebt en invloedrijk bent, is evenwel niet zo moeilijk. Gelukkig zijn er ook onder het gewone volk sterke vrouwen genoeg. In Petra laat een bedoeïenenvrouw vol trots een foto van haar oudste dochter zien. Ze wilde niet in de voetsporen van haar moeder treden, geiten hoeden was niets voor haar. Momenteel studeert ze aan de universiteit. En *guess what*? Ze draagt een sluier.

Bedoeïenenvrouw in Petra

Anthon Keuchenius

Handel en wandel

Het Abrahampad is een pelgrimsroute die van begin tot eind verzonnen is. Min of meer in het voetspoor van aartsvader Abraham
rijgen toeristen er al wandelend historische en religieuze plaatsen
aaneen. Onderweg is de dialoog tussen joden, christenen en moslims een belangrijk doel, maar geld verdienen ook.

Het Jordaanse noordelijke hoogland is kennelijk erg vrucht-
baar. De olijfbomen op alle heuvels hangen vol dikke olijven.
De grond is van vette klei en water is er hier altijd, zegt gids
Mahmoed Hawawreh. Aan het begin van Wadi Orjan komt het
water zelfs gewoon uit de grond. Boer Ahmad en vriend Wael
vullen er hun tankwagen mee. Voor de bomen hogerop, zegt

militair Wael, die op vierdaags verlof is. Het Jordaanse leger rekruteert graag jongens uit de bergen rond Ajloun, want die zijn bij geboorte al afgehard, betrouwbaar en koningsgezind. Het Abrahampad vindt hij een fantastisch idee. "Heel goed, toerisme. Wij Jordaniërs zijn een genereus volk. Geven vinden we prettig. En misschien dat het pad de volkeren bij elkaar brengt", antwoordt hij, een tikje braaf. Gastvrouw Fatima brengt ons intussen zoete saliethee, vijgenkoekjes en de *argeelah* – de waterpijp met appeltjestabak. Fatima verzorgt ons zo goed dat Mahmoed haar in zijn telefoonlijstje zet. "Hier kan ik heel goed mensen laten eten", zegt Mahmoed later.

Dromen

Het Abrahampad moet een pelgrimsroute worden, net als de Camino de Santiago dat is in Zuid-Europa. Initiatiefnemer Elias Amidon – Amerikaan met Griekse en Britse wortels – was jarenlang reisleider. Steeds vaker waren dat reizen naar het Midden-Oosten, op het laatst zelfs reizen geheel zonder programma. "Met een groep mensen naar Syrië en gewoon met de mensen praten. Vragen. Wat denk je, wat hoop je? Heb je ooit dromen gehad, en wat is daarvan geworden? Dan merk je dat voorbij de *small talk* een vertrouwensband groeit." Vrienden op Harvard University raakten geïnspireerd, adopteerden het idee en verzonnen het Abrahampad. Abraham omdat die als aartsvader van joden, christen en moslims een bindende factor is. Een pad omdat Abraham in alle heilige boeken van Turkije naar Palestina trok, dwars door de landen waar vrede en voorspoed nu soms niet veel meer zijn dan een illusie. Pas na een lange studiefase kreeg het idee de huidige vorm: een pelgrimspad dat historische en religieuze plaatsen aaneenrijgt. In dit geval van Turkije

Maaltijd onderweg bij mensen thuis

naar Palestina, via Syrië en Jordanië, en met vertakkingen naar Egypte, Irak en Israël.

Dikke druppels najaarsregen wassen het stof van de olijfbomen. We lopen van Orjan naar de burcht van Ajloun, een kilometer of zeventien door dorpjes, over landbouwweggetjes en nieuwe stukjes pad, nog maar pas geleden uitgezet. "Kijk", zegt gids Mahmoed ineens, "als je vrouwen zonder hoofddoek ziet, dan zijn het christenen. Dit huis bijvoorbeeld, zullen we daar even thee drinken, dan kan je kennismaken met christenen." Mahmoeds woorden bevallen de gastvrouw maar matig. "Mahmoed, wat zeg je nu? We zijn hier toch allen broeders en zusters? Waarom ben ik nu ineens een christen?" Na de thee passeren we een uit de rotsen gehakte antieke badplaats en lopen over de ruïnes van Byzantijnse huizen. Even later bereiken we Tel Mar Elias, een van de belangrijkste plekken langs het Abrahampad, volgens Mahmoed. In de verte zien we de Jordaanvallei liggen, met daarachter het land dat de een Israël en een ander Palestina noemt. Onder onze voeten liggen mozaïeken van veertien eeuwen geleden, kort geleden opgeduikeld bij opgravingen. De resten van een immense kerk, in de zesde of zevende eeuw opgericht ter ere van de profeet Elias, die een heuvel verderop werd geboren.

Geld verdienen

De burcht van Ajloun – het kasteel van kruisvaardersbestrijder Saladin – is ons volgende doel. We zien het liggen, vier, vijf heuvels verderop. Alleen is hier nog geen Abrahampad, dus zullen we verder moeten over de asfaltweg. Een langeafstandswandelpad is het Abrahampad nog niet helemaal. Er is een idee, er is veel goede wil en er zijn flarden pad. In Palestina liggen vijf dagmarsen klaar, in Turkije zijn ze naar verluidt ook aardig bezig. In Jordanië bestaat de route nu uit amper drie dagmarsen. Klopt, zegt Daniel Adamson, regionaal coördinator van het Abrahampad later. "Dit is een ambitieus project, iets dat je niet zomaar

De burcht van Ajloun

van de grond tilt. Het is eerder een project van generaties dan van jaren." Via het asfalt komen we uiteindelijk toch bij de burcht van Ajloun. Daar treffen we een delegatie Israëli's op generale repetitie voor een nieuwe autoreis. Vier dagen van noord naar zuid over de heuvels ten westen van de Jordaan, de grens over bij Aqaba en in vier dagen terug langs de Jordaanse kant. "We stoppen op plekken met historisch en religieus belang", zegt de delegatieleider. We vertellen hem van het Abrahampad, dat het iets soortgelijks doet. "Nooit van gehoord. Leuk idee." Heeft zijn reis misschien ook iets met vrede van doen? Hij snuift wat misprijzend zijn neus. "Ik heb geen probleem met vrede. Maar we hebben daar verder niets mee. We zijn een bedrijf, we willen gewoon geld verdienen."

Geld verdienen is ook een doel van het Abrahampad. De bevolking langs het pad moet de pelgrims niet alleen intercultureel gaan ontmoeten, maar ook van hen gaan profiteren. Lijfspreuk van regionaal coördinator Daniel Adamson is 'lokaal beheer': "Zodra er een minimale infrastructuur ligt willen we de deelprojecten eigenlijk zo snel mogelijk overdragen." Die overdracht is aan mensen als Mahmoed, onze gids. Mensen die gereisd hebben, Engels spreken en intermediair kunnen zijn tussen toerist en gastheer. Want een van de aantrekkelijkste kanten van het Abrahampad is het slapen bij de mensen thuis. Vanavond, met de tweede zeventien mooie kilometers door het rurale Jordaanse hoogland in de benen, slapen we bij Aenas, alweer militair. De salon wordt voor ons vrijgemaakt, de vrouwen verdwijnen schielijk achter dichte deuren. Het eten dat ze achter die deuren bereiden is overheerlijk, maar een kans om hen daarvoor te bedanken komt er niet. "Ach, weet je", zegt Mahmoed later, "het is voor hen nog vreemd. Zodra gewenning optreedt, komen ze

stvrij onthaal in de salon van Aenes

heus tevoorschijn. Je moet daarvoor geduld hebben." Gastheer Aenes – de hartelijkheid zelve – is een andere mening toegedaan. "Vrouwen en mannen horen niet bij elkaar. Ik moet nog vier jaar werken om een huis en een auto bij elkaar te verdienen. Pas dan ga ik trouwen. Maar vanaf dag een zal ik niet met mijn vrouw eten." Dan volgt ineens een interculturele opening: "Maar vertel, hoe gaat dat bij jullie?"

List

Klein probleem, zegt Daniel Adamson, is Syrië. Paden en stokoude religieuze plaatsen, het land ligt er helemaal vol mee. Neem klooster Mar Moesa, dat verdwijnt in een beige bergtop midden in Syrië, op veertienhonderd meter hoogte. Ooit was het een Romeinse wachttoren langs de karavaanroute naar India, later een klooster. De Italiaanse Padre Paolo begon in de jaren negentig met het herstel van de ruïne. Nu ontvangen de acht monniken

en twee nonnen dagelijks bezoekers die de lange trap naar boven beklimmen, voor ontmoeting, contemplatie en spiritualiteit. Kandidaat-monnik Daniel brengt de nieuwe gasten thee terwijl de omgeving zich baadt in het monochrome schemerlicht. Kort daarop is het tijd voor een uur meditatie in de prachtige kerk. Het uur daarna is gereserveerd voor een gebedsdienst in het Arabisch. Vervolgens wordt er gezamenlijk gedineerd. De kloosterpraktijken passen voorbeeldig in de gedachte van het Abrahampad, en wandelen kan langs de oude karavaanroute ook goed. Alleen, sinds de mensen van het Abrahampad ook Israël willen aandoen, is het uit met de Syrische medewerking. Gelukkig is daarop een list verzonnen. "We gaan hen helpen met het uitzetten van een *Syrian Cultural Walking Trail*", verklapt Daniel Adamson. "En dat laten we dan zonder het te zo te noemen, toch deel uitmaken van ons pad."

Zie ook: *www.abrahampath.org*

Mariëtte van Beek

Zon, zee en islamitisch zwemmen

Aqaba en de Dode Zee zijn populaire eindbestemmingen voor westerse toeristen die na hun reis langs Jerash, Karak, Petra en Wadi Rum graag het stof van geschiedenis en woestijn afspoelen. Maar Jordaniërs en andere Arabieren komen er natuurlijk ook. Een tocht langs goedkope *public beaches* en dure privéresorts laat zien hoe zij hun vrijetijd besteden.

Het is brandend heet en plakkend vochtig als ik rond het middaguur het langgerekte parkje aan Al-Hammamat at-Toenisiyya Street in het centrum van Aqaba betreed. Op zoek naar instant verkoeling vraag ik wat meiden aan een schaduwrijke picknicktafel naar een aardig strand. Ze verwijzen me direct naar het

Foto's: Mariëtte van Beek – Jordaanse familie op een *public beach* in Aqaba

nabijgelegen vijfsterren Mövenpick Hotel. "Komen jullie daar zelf ook?", vraag ik aarzelend, maar nieuwsgierig. "Nee, dat niet." Ik begrijp heel goed waarom als de portier van het hotel me een half uur later vertelt dat de toegangsprijs voor het privéstrand 40 Jordaanse dinar (40 euro) bedraagt. Zo houd je de gewone Jordaanse man en vrouw – en ook veel westerlingen zoals ik – eenvoudig weg. Wie komen hier dan wel? "Eigenlijk alleen de hotelgasten zelf, rijke westerlingen en Arabieren uit Egypte en de Golfstaten."

Glasboten

Ik loop door naar het belangrijkste openbare strand van Aqaba dat direct ten westen van de soeks, achter palmen en groente-tuintjes langs de brede King Hoessein Street, ligt. Hoewel van een strand nauwelijks meer sprake is, want het grootste deel van de zandstrook is overspannen door daken van golfplaten, kippengaas en palmbladeren die een eindeloze rij van lokale cafeetjes en eettentjes uit de zon houden. In het water zwemmen vooral jongens en mannen. Vrouwen en meiden in verhullende gewaden kijken het allemaal aan, zittend vanachter een tafel, of staand langs de vloedlijn. De kleinste meisjes spelen wel in de golven, met niet al te blote badpakjes aan. Moeders schieten foto's van hun kinderen, geven instructies, en delen zwembanden, bekers drinken en chips uit.

Her en der langs het strand bevinden zich aanlegsteigers met *glass boats*, boten met een glazen bodem waarmee je zonder nat te worden toch Aqaba's koraalriffen en tropische vissen kunt bewonderen. Boten vol Arabische families varen af en aan. Niet zo vreemd, bedenk ik, want een glasboottocht is de enige verkoelende activiteit die vrouwen hier kunnen ondernemen.

Simpelweg rondlopen in bikini is niet verboden, maar toch *not done*. Ook ik moet op zoek naar een boot.

Daarvoor betreed ik eerst historische grond, het enorme Plaza van de Arabische Opstand, vlak voor het kasteel van Aqaba. Het is deze vesting die in 1917 uiteindelijk door Sherif Ali van Mekka en T.E. Lawrence van de Ottomanen werd overgenomen. De filmscène met Ali alias Omar Sharif uit *Lawrence of Arabia*, die nader-hand een bloemenguirlande in de zee – mét ondergaande zon – werpt, staat me sterk bij. Maar in het kleine vissershaventje verderop is het niet Omar Sharif, maar Mahmoed met zonnebril die op me afkomt. Hij zegt me gedag en vraagt waar ik vandaan kom. En of ik mee wil op zijn glasboot. Er staan geen andere klanten langs de kades. "Je begrijpt dat ik als vrouw alleen niet met jou meekan", antwoord ik wantrouwig. Mahmoed lacht. "Ik heb vandaag mijn twee kinderen bij me. Ik heb vrij, maar voor vijftien Jordaanse dinar vaar ik je overal heen." Mahmoed roept een van zijn zonen, die vlakbij op een piepschuimen vlot tussen de vissersboten dobbert. Direct daarna duikt ook de tweede op. "*Ahlan wa-sahlan*", welkom, zegt Mahmoed als ik even later aan boord van zijn vaartuig stap.

Zicht op Aqaba

Met kleine Hassan en Mohammed op voor- en achtersteven varen we al snel langs de kust van Aqaba. Het uitzicht op de bergen achter Aqaba en de enorme vlaggenmast voor Aqaba's fort is formidabel en zelfs de reuzentankers en containerschepen in de haven hebben wel wat. Aan de overzijde rijst de hoogbouw van de Israëlische badplaats Eilat op. Na een telefoontje met Mahmoeds compagnon Majdi meren we heel even aan bij een terras langs het water om hem, zijn zoon en nog thee en limonade op te pikken.

Zeemeerminnen
Mahmoed en Majdi praten bij en roken een sigaretje, en wijzen mij zo nu en dan op een bezienswaardigheid. We komen langs de Royal Yacht Club, en ik zie nu gratis het strand van het Mövenpick Hotel, met zijn *lifeguard* en jetski's, plus de badgasten onder de parasols van het gloednieuwe InterContinental Aqaba ernaast. Maar dan hoor ik plots vrolijk meidengegil. Niet ver van de boot houdt een zestal pubermeisjes een wedstrijd.

Wie het hardste borstcrawlen kan. Met lange broeken, een hemdje, een T-shirt of bedekkender islamitisch zwempak aan. "Ze zijn van steenrijke families", legt Mahmoed me uit. "Zonder dat veel mensen het zien, laten ze hun dochters vanaf privé-stranden en -jachten te water." Lachend wijst hij verderop naar nog meer luxe vaartuigen, drijvende paleisjes, met heimelijk zwemmende zeemeerminnen rondom.

Als we op de terugweg langs een boot van de kustwacht varen, ontstaat daar plots actie aan boord. Rap halen mannen de beschermhoezen van de mitrailleurs, de versnelling wordt opgevoerd. "Niets aan de hand hoor", zegt Mahmoed, die me ziet schrikken, "koning Abdoellah II komt voorbij." Met grote snelheid komt er een super-de-luxe jacht onze kant op. "Onze koning staat zelf aan het roer." Een aardje naar zijn vaârtje dus, ook wijlen koning Hoessein zoefde graag over Aqaba's wateren. Abdoellah blijft te ver weg om hem echt te herkennen, en in *no time* is de koninklijke boot weer verdwenen. "Hij meert aan in Saoedi-Arabië", weet Majdi.

Lot

De beelden van recreërende Jordaniërs worden een dag later aangevuld aan de Dode Zee. Met een half oor luister ik naar het verhaal van Omar, mijn reisgids: "Sodom en Gomorra, homoseksualiteit en ander verderf, het zijn allemaal associaties die maken dat moslims niet graag in de Zee van Lot zwemmen." Maar in het Amman Beach Tourism Resort zie ik toch voornamelijk Jordaanse moslimfamilies naast Saoedische en westerse badgasten. De plastic tafeltjes onder de gekleurde parasollen, langs de zwembaden en de zee, zijn opnieuw vooral het domein van volledig geklede vrouwen. Al lurkend aan waterpijpen bewaken zij de

Zwembadtafereel langs de Dode Zee

proviand en badattributen van hun families. Een enkele vrouw laat zittend op de rand van een zwembad haar benen even in het water bungelen of smeert de rug van manlief met zeeklei in.

Als ikzelf later over witte zoutkristallen in het olieachtige vlak van de Dode Zee afdaal, komt een vrouw in paars islamitisch zwempak, bijpassende badmuts en groene bal onder de arm eruit omhoog. In een opwelling gebaar ik haar te gooien en ze werpt de bal lachend toe. Spetters flitsen even in het zonlicht. "Pas op voor je ogen!" roept ze, "het zoute water bijt enorm." "Zolang ik niet net als Lots vrouw in een zoutpilaar verander, kan ik veel hebben", grap ik. De vrouw schatert het uit. "Ja, jullie christenen kennen hetzelfde verhaal als wij."

"Het is een kwestie van geloof." Zo verklaart Saba, een Palestijnse advocate uit Amman, met wie ik aan de praat raak, de enorm diverse badkledij. Zijzelf is van Grieks-orthodoxe huize

Genesis 19: 23-29

De zon was nog maar net op, toen Lot in Soar aankwam. Toen liet de Heer vanuit de hemel brandende zwavel neerkomen op Sodom en Gomorra. Hij verwoestte beide steden en de hele vallei. Alle inwoners kwamen om en de gewassen op de akkers werden vernietigd. Ook de vrouw van Lot kwam om, zij keek achterom en veranderde in een zout-pilaar. Abraham ging 's morgens vroeg naar de plaats, waar hij samen met de Heer gestaan had. Hij keek uit over Sodom en Gomorra, over de hele Jordaanvallei, en zag uit de aarde rookwolken opstijgen als uit een smeltoven. Zo hield God rekening met Abraham: toen hij de steden in de vallei verwoestte waarin Lot gewoond had, liet hij Lot ontkomen aan de ondergang. Zo kwam er een zoute zee. Nu ook wel Dode Zee genoemd.

en zwemt in westers badpak rond, maar haar moslimvriendin Hawa, met wie ze vandaag hier is, houdt al haar rood-roze kleding aan en beroert met nog geen teen het water. "We zijn verschillend in hoe we in het resort rondlopen, maar niemand neemt aanstoot aan elkaar." Hawa en haar halfblote man knik-ken bevestigend: "De Dode Zee is een favoriet uitje samen."

Man vol zeeklei op het strand van de Dode Zee

Mariëtte van Beek

Robots in Petra

"*I shall be at Aqaba. THAT is written...in here*", zegt T.E. Lawrence koppig wijzend naar zijn hoofd, juist als hij en Sherif Ali op het punt staan door zon en zand verzwolgen te worden. In het Oscarwinnende epos *Lawrence of Arabia* (1962) lijkt de strijd tegen de elementen eindeloos te duren, de breed uitgemeten woestijn van Wadi Rum bijna machtiger en meedogenlozer dan de Turkse vijand. Uiteindelijk is het een verademing om Lawrence na de verovering van Aqaba zittend op zijn kameel aan zee te zien, terwijl Ali uit eerbetoon een bloemenslinger in het zilte nat voor hem werpt. Als Peter O'Toole en Omar Sharif hoofdrollen spelen in Lawrence's legendarische film dan doet Jordanië dat zeker ook.

Jordanië vormt het decor van veel meer buitenlandse producties. De avonturenfilm *Indiana Jones and the Last Crusade* (1989) is daarvan de bekendste. De historische stad Petra schittert in de slotscène waarin Harrison Ford door de lange rotskloof Siq rijdt en aankomt bij de tempel (de Schatkamer) waarin hij de Heilige Graal vindt. Maar gedurende de opname ervan hadden de toeristen die Petra wilden bezoeken wel pech, de roze stad werd maanden afgesloten.

De makers van het Nederlandse programma *Wie is de Mol*? wilden precies het tegenovergestelde. Tijdens de afvalrace-met-geheime-saboteur die de AVRO in 2009 deels in Jordanië opnam, kregen de deelnemende BN-ers de onmogelijke opdracht om zichzelf voor Petra's open Schatkamer te fotograferen zonder toeristen erbij. De kandidaten vervulden ook opzienbarende taken in andere populaire Jordaanse settings. Maar het meest spectaculair was het moment waarop de filmheld Ben Hur tot leven kwam in de voormalige Romeinse provinciestad Jerash. In een echte strijdwagen moesten Jon van Eerd, Rick Engelkes, Anniek Pheifer en Dennis Storm hem op de Hippodrome zien voor te blijven.

Medewerking van de Jordaane autoriteiten krijgen film- en programmamakers dus volop. Met een koningshuis dat dol is op film en TV is dat ook niet moeilijk. Wijlen koning Hoessein bracht – samen met koningin Noor – lange paleisavonden met video's door, John Wayne was een van zijn favorieten. En zijn zoon, de huidige koning Abdoellah II, is de grootste fan van de sf-serie *Star Trek*. In 1996, toen hij nog prins was, speelde hij zelfs in één aflevering van de *Voyager*-episode *Investigations* mee. Heel kort komt hij in een zwijgende rol voorbij. En omdat de robotfilm *Transformers* (2007) hem ook was bevallen, gaf hij de koninklijke luchtmacht opdracht te helpen bij de verfilming van de opvolger *Transformers: Revenge of the Fallen* (2009) in Petra, Wadi Rum en Salt. Crew en robots kwamen zo veilig op een berg terecht waar niet eerder was gefilmd. De goede ervaringen van filmers in Jordanië maken het land inmiddels een geduchte concurrent van Marokko.

Een succes voor de Jordaniërs zelf was de inzending van Amin Matalqa's *Captain Abu Raed* voor de Oscarnominatie voor de beste buitenlandse film in 2009. In deze film ontroert de Jordaanse acteur Nadim Sawalha als de oude schoonmaker én fictieve piloot in een tranentrekkend verhaal dat zich afspeelt tussen Oost- en West-Amman, straatkinderen en rijke families.

Foto's: Mariëtte van Beek – Looproute in de Azraq Oase

Mariëtte van Beek

Ecotoerisme in de Blauwe Oase

Tussen Amman en Jordanië's oostelijke woestijn ligt een oase die ooit zo vol water stond dat de mensen het simpelweg met *azraq*, Arabisch voor blauw, aanduidden. De Azraq Oase was een uniek gebied met vele wilde dieren en een rijke vegetatie. Maar in het mooie oord speelde zich in de moderne tijd een drama af. Het unieke gebied droogde rap uit. Om het tij te keren werd het een reservaat en een belangrijke bestemming voor ecotoeristen.

Over water gesproken. "Er vloeit wel eens een traantje als oudere bezoekers de foto's van het vroegere Azraq terugzien", vertelt Wesam, toerismecoördinator in het Azraq Reservaat, terwijl hij naar de zwart-wit foto's in het bezoekerscentrum wijst. De prenten laten vissers zien die hun netten uitwerpen op een grote plas, tegen een horizon vol bomen en vogels en de kleine witte moskee van Azraq in de verte. Wesam groeide op in een Druzische familie uit Azraq-Noord en kent de bijbehorende verhalen. Dat over zijn grootvader is het meest spectaculair. De goede man hielp bij de aanleg van een dijk door het dorp om zijn bewoners te beschermen tegen overstromingen. In de jaren zestig vonden die nog regelmatig plaats.

De herinneringen aan vroeger doen nu onwerkelijk aan. Vanaf het dakterras van het bezoekerscentrum is in de verte een verdroogde *wadi* (rivierbedding) zichtbaar. Regelmatig trekken stofspiralen voorbij. De regenval in dit gebied is te verwaarlozen. In de winter wil het drasland soms nog wel wat water bevatten, alles dat er doorkomt van Djabal Areb in het nabije Syrië. Maar die stroom water is dramatisch minder sinds Syrië dammen bouwt. Toch is de Jordaanse staat zelf de grootste boosdoener. Constant worden grote hoeveelheden water uit de ondergrond-se rivieren van de oase weggepompt voor gebruik in de stede-lijke gebieden van Amman, Irbid en Zerqa.

Walhalla voor vogelaars

Dat heel Jordanië met een watertekort kampt, is geen excuus voor het drama dat zich in Azraq voltrekt, vindt de Royal Society for the Conservation of Nature (RSCN), die sinds 1978 het 12 km^2 grote Azraq reservaat beheert. Opdrogende waterpoelen maakten dat de killivis en de waterbuffel in het gedrang kwamen. Maar in het natuurgebied staan nog veel meer belangen op het spel. Eerder wezen internationale experts het watergebied aan als een belangrijke tussenstop voor trekvogels. Het is nu de vraag hoe lang dat zo zal blijven.

"In ieder geval 10 procent van het verloren watergebied terug-krijgen. Dat is het belangrijkste doel dat de RSCN zich stelt", aldus Wesam, die popelt om zijn buitenlandse gast meer van het Azraq Reservaat te laten zien. Direct buiten het bezoekers-centrum wijst hij trots op de in onbruik geraakte kweekbassins, hét bewijs van de succesvolle comeback van de killivis. En eindelijk, eindelijk is er dan ook water. Een wandelroute over houten bruggen leidt door grote met riet omzoomde poelen en moerassen. Een prachtgezicht. "Bezoekers kunnen de route zelfstandig doen", aldus Wesam, "alleen onder speciale begelei-ding kan van het pad afgeweken worden. Bescherming van flora en fauna staan immers voorop." Gelukkig zijn de sporen van dieren overal te vinden. De pootafdruk en uitwerpselen van een jakhals. Riet dat door de zeventien geïntroduceerde waterbuf-fels platgetreden is. Veren van de talloze vogels die hier kortere of langere tijd doorbrengen. Een walhalla voor vogelaars. Het is eind mei en niet het beste seizoen, maar ook nu is er veel te zien: de ralreiger, de kwak, de woudaap, de witwangbuulbuul,

Rangers aan het werk

de sporenkievit, naast de zwaluw en de nachtegaal. Kleine en grote zilverreigers maken voortdurend sierlijke vluchten over de hoofden van kortstondige indringers.

Illegaal oppompen

Dan weerklinkt plots geroep van mannen. Twee stevige *rangers*, die staand in kaplaarzen met kleine zeisjes bezig zijn riet te kappen in een poel, begroeten Wesam. De rangers houden samen met de waterbuffels het water in het reservaat toegankelijk voor mens en dier, aldus Wesam. Vooral in de zomerse hitte is het werk dat de rangers doen zwaar. Niet zo vreemd dus dat ze wel even in zijn voor een praatje. Waar komt de vreemdelinge vandaan? Nederland? De mannen lachen verguld. De poel waarin ze bezig zijn, is een aantal jaren terug met steun van de Nederlandse ambassade in Amman gecreëerd. En zo zijn er wel meer plassen met steun van buitenaf teruggekomen. Maar hoe belangrijk ook, met zulke initiatieven alleen redt de Azraq Oase het niet. Want er stroomt nog altijd meer water uit dan er terug wordt gepompt. Terug wordt gepompt?

Wesam knikt. Hij zit gehurkt bij een van de vele waterpijpen die wandelaars langs de route tegenkomen. "Door de waterpijpen geeft het ministerie van Water water terug dat het eerder uit de Azraq Oase heeft gehaald. Het is maar een fractie van de oorspronkelijke hoeveelheid, en het heeft flink wat inspanning gekost om het voor elkaar te krijgen, maar in ieder geval beter dan niets." Helaas blijft Wesams bizarre verhaal daar niet bij. Nu hij goed op dreef is, vertelt hij over het probleem van de boerderijen die illegaal water oppompen. De boerderijen zijn veelal weekendhuisjes van mensen van buiten, rijken uit Amman. Ze planten olijf- en eucalyptusbomen, en laten watermeloenen, tomaten en andere gewassen groeien die niet geschikt zijn voor dit gebied. "De schuldigen zijn moeilijk aan te pakken", legt Wesam uit, "ze zijn invloedrijk, en hebben banden met de Jordaanse regering. Ze hebben niet dezelfde voeling met Azraq als de mensen van hier. Die halen het niet zo snel meer in het hoofd om een verboden put te slaan!"

Tsjetsjeense kokkinnen

Versterking van de gemeenschapszin is niet voor niets een belangrijke pijler van het werk van de RSCN. Ook in het Azraq Reservaat draaien tal van projecten waaraan leden van Azraqs sterk gemêleerde bevolking deelnemen. Zo stelt Wesam zijn gast na de rondwandeling voor aan Druzische en Koerdische gidsen. En aan Tsjetsjeense kokkinnen die in het restaurant volgens eigen traditie lunches en diners bereiden. Kunstig gedecoreerde struisvogeleieren, houten speelgoed, bedrukte stoffen en tassen komen van de handen van Jordaanse, Iraakse en Syrische meisjes en vrouwen die in de workshops van het reservaat als ambachtslieden werkzaam zijn. Allemaal zien ze graag dat het aantal toeristen naar het Azraq Reservaat toeneemt.

Maar is dat niet paradoxaal? Toenemend toerisme zorgt toch voor nog nijpender watertekorten? "Het Azraq Reservaat en de ecolodges hier zijn zo ingericht dat mensen leren hoe er anders met het milieu en het water kan worden omgegaan. En met de opbrengsten uit het toerisme kunnen weer nieuwe natuurprojecten gefinancierd worden. Maar het belangrijkste is dat de Jordaniërs zélf zich meer bewust worden van de ecologische problemen waarmee hun land kampt. Er komen hier veel schoolkinderen die met een waterhoudertje, verrekijker en vogelgids op pad gaan. Als zij en hun ouders gaan handelen naar wat

Vrouwen beschilderen bekers

ze hier opsteken, kan Jordanië de extra stromen toeristen met gemak opvangen."

Ecotoerisme is geen afzien. Zoveel wordt 's avonds duidelijk in de strak uit blauwig basaltsteen en beton opgetrokken ecolodges die van alle gemakken zijn voorzien. Rekening houden met de tijd die de zonnepanelen nodig hebben voor het opwarmen van het douchewater is hier vanzelfsprekend en zichzelf lang wassen doet een ecotoerist ook terug in Amman niet meer. De boodschap beklijft. Elke blauwe druppel die bespaard kan worden, is er één. Van levensbelang voor de killivis, de waterbuffel, de vogels en mensen in Azraq.

Zie *www.rscn.org.jo* voor informatie over ecotoerisme in de Azraq Oase en andere Jordaanse natuurreservaten.

Anthon Keuchenius

Stenen gooien naar een roemruchte trein

De Hedjaz Railway heeft een roemruchte geschiedenis. Aangelegd door de Ottomanen, verwoest door Engelsen, Arabische bedoeïenen en joodse nationalisten, en verdeeld onder de nieuwe staten van het Midden-Oosten vertelt de spoorlijn het verhaal van het moderne Midden-Oosten. Wie de geschiedenis van deze lijn kent, snapt meteen waarom er vandaag de dag nog altijd strijd heerst. Boemelen op zijn restanten is de moeite van een zoektocht waard.

Damascus, half zeven 's ochtends. Volgens onbevestigde berichten vertrekt de stoomtrein om zeven uur precies vanaf Al Rabweh station, aan de rand van Damascus. Het treintje zou elke zomerse vrijdag vermoeide Damascenen een uurtje gaans de koele groene bergen in brengen. Taxichauffeur Waleed heeft er een hard hoofd in. Die stoomtrein is er helemaal niet. Kapot. Weg. Verdwenen. Gedwee volgt hij de weg langs de oude rails, zoals de klanten dat willen. Totdat de weg afbuigt en de taxi noodgedwongen over rails en dwarsliggers verder hobbelt. Dan pas geloven we dat de oude lijn verleden tijd is. "Wil je de oude trein zien? Voor honderd lira breng ik je erheen", zegt Waleed en tuft zijn oude Fiat naar het Hedjaz Railway station, monument van de vorige eeuw, ingekapseld door de niet te stuiten bouwdrift van de nieuwe eeuw.

Slakkengang

In Amman hebben we meer succes met onze speurtocht. Het oude Hedjaz-station ligt er romantisch bij; knappe oude gebouwtjes, wuivende oleanders, antieke wagonnetjes, een echte rangeerschijf en wel zes oude stoomlocomotieven. In de garage sleutelen monteurs aan de ijzerkolossen van de 'Robert Stephenson Darlington Works' en de 'Forces Usines Fondières', diep uit Wallonië. Onder luid gedirigeer rangeren de mannen de locs heen en weer. Zelfs de antieke rangeerschijf doet het gewoon. Dit moet een walhalla zijn voor de treinfanaat.

Het wordt nog beter: de trein vertrekt echt. Weliswaar voortgetrokken door een diesellocomotief, maar toch. Voor een halve dinar nestelen we ons op het balkon, naast de schooljongens Samir en Mohammed. 's Ochtends naar school nemen ze de bus, anders halen ze het volkslied niet. 's Middags pakken ze liever de trein, omdat die lekkerder zit en bovendien goedkoper is. "Wat ook leuk is zijn de stenengooiers. Dat zal je zo wel zien", zegt Mohammed, en grijpt vast in zijn jaszak. We kopen een kopje thee bij een meneer die met een thermoskan en wat blikjes fris het restauratiewezen van de rij wagonnetjes op zich heeft genomen.

Passagiers op het balkon
Kinderen rennen met de trein op

Om precies vier uur zet de trein zich in een trage beweging. Bewaakte overwegen zijn er niet, dus nadert de trein de vele kruisingen in slakkengang, en hangt de machinist continu aan de fluit. Links en rechts ontstaan files toeterende auto's. De spoorberm blijkt een grote vuilnisbelt, daarachter passeren de eindeloze woonwijken van *greater Amman*. Kindjes stoppen vingers in de oren, of zwaaien naar de trein en zijn passagiers. Dan verschijnen groepjes jongetjes vanachter struikjes, en regent het stenen op de antieke trein. Passagiers op de balkons duiken ineen. Samir en Mohammed gooien terug. Twee meereizende politieagenten roepen ferm vermaningen, zonder resultaat. Een half uur lang nog regent het nu en dan stenen. Tot de trein tot stilstand komt in Zarqa, het Purmerend van Amman.

Stuiptrekking

Zarqa ligt maar twintig kilometer verwijderd van kilometer honderdtweeënzeventig van de Hedjaz-lijn, de plek waar Lawrence of Arabia een eeuw geleden – in november 1917 – zijn laatste rails opblies en daarmee zijn laatste trein deed ontsporen. De hele voorafgaande zomer bestookten de bereden troepen van de Arabische prins Feisal en de Engelse kolonel T.H. Lawrence de Hedjaz-spoorlijn, van Medina tot voorbij Amman. Het bonte, krijgshaftige groepje woestijnruiters hield de Turkse troepen maandenlang bezig. Intussen namen Engelse troepen ongestoord bezit van Ottomaans Palestina.

Sultan Abdoelhamid zal het zich iets anders hebben voor- gesteld. Kosten noch moeite spaarde hij voor wat de laatste stuiptrekking van het eens zo machtige Ottomaanse rijk zou worden. Duizenden Turkse militairen werkten acht jaar lang in loodzware omstandigheden aan de ruim dertienhonderd kilometer lange spoorlijn. Het zou de pelgrimstocht naar Mekka van veertig onbarmhartige dagen door de woestijn, naar een dag of drie op de trein terugbrengen en de Ottomaanse hege- monie over het Midden-Oosten bestendigen. Van zover als de VS werden rails en ijzeren dwarsliggers aangevoerd, want hout bleek niet bestand tegen de extreme temperatuurwisselingen van de woestijn. Acht jaar lang functioneerde de trein zoals bedoeld, om daarna alleen nog T.H. Lawrence roem te brengen. Zoals auteur James Nicholson schreef in zijn standaardwerk

Eindstation Hedjaz Railway

over de spoorlijn: "Zonder de Hedjaz-spoorlijn zou er nooit een Lawrence of Arabia zijn geweest."

Onze Syrische vriend Hassan vertelt dat de Syriërs Lawrence nog altijd vervloeken. "De trein bracht ons snel en goedkoop tot Mekka. Maar die Lawrence moest het zonodig kapot maken." Waarschijnlijk draagt de vloek wel meer wrok in zich mee. Want het einde van de Eerste Wereldoorlog bleek ook het eind van het legendarische Groot-Syrië. Overwinnaars Frankrijk en Engeland trokken grenzen die alleen hun eigenbelang dienden. Syrië werd een betrekkelijk klein landje, wat restte heette voort- aan Palestina, Libanon en Jordanië, en later ook nog Israël. Het bleek een goede voedingsbodem voor broederstrijd, landjepik en hele lange oorlogen.

Hogesnelheidslijn

Sindsdien is het vallen en opstaan met de Hedjaz-lijn. De Pales- tijnse aftakking naar Haifa is sinds lang verdwenen. De Libanese tak naar Beiroet, over de Libanon en de Anti-Libanon, tufte nog een tijd door, maar kwam steeds minder ver. De Hedjaz-lijn zelf diende voornamelijk het vervoer van fosfaat van de mijnen in Zuid-Jordanië naar Amman. Sinds enige jaren is er weer hoop voor de spoorlijn. Tussen 2005 en 2007 reed de trein tussen

Treinplaat

Een locomotief rijdt de loods in

Damascus en Amman, totdat er naar verluidt een tank overheen reed. Nu boemelt er het dagelijkse forensenlijntje tussen Amman en Zarqa. En sinds kort rijdt er elke vrijdag een echte stoomtrein drie stations naar het zuiden. Anderhalf uur nostalgie, voor slechts twee dinar.

Terug in Damascus vinden we uiteindelijk toch onze trein. Vlakbij Qadem station – een modern station voor de elektrische trein naar Aleppo, omgeven door haastig gebouwde huizen voor Iraakse vluchtelingen. Daar weer achter vinden we de meer dan honderd jaar oude Hedjaz-werkplaats. Vorig jaar is de werkplaats officieel verheven tot *live museum* of *Al Hejaz Railway factories*, inclusief stropoppen conducteurs en echte roze kartonnen kaartjes. In de enorme werkplaats slijpen monteurs nog steeds even liefdevol aan onderdelen voor de restauratie van de treinen, op antieke machinerie aangedreven door grote vliegwielen. Tientallen wagonnetjes en locomotieven staan buiten mooi te glimmen. "Om half negen, niet om zeven uur, vertrok uw treintje naar de groene heuvels", zegt Suheil Massar, technieker van het museum, lachend.

En er is meer. "Nog drie maanden", zegt Massar, "dan vertrekt de stoomtrein naar het zuiden ook weer. *Inshallah* (als God het wil). Eerst tot Deraa, aan de grens met Jordanië, en misschien nog verder oostwaarts naar Bosra." Een niveau hoger zijn de toekomstplannen nog veel groter. Turks-Saoedische consortia willen de Hedjaz Railway *upgraden* tot een hogesnelheidslijn van Istanboel tot aan Mekka. Opleverdatum is eind 2012. *General manager* Abdoelhamid van station Amman wil best kwijt dat zijn mensen hard werken om de Jordaanse lijn tot aan Mafraaq – veertig kilometer voorbij Zarqa – uit te breiden. Rails moeten uit het asfalt gehakt worden, dat soort werk. Verder weet Abdoelhamid dat er plannen zijn voor een nieuw lijntje tussen de luchthaven en Amman. Over de grote plannen voor een nieuwe Hedjaz-hogesnelheidslijn, daarover wil hij liever niets zeggen. "Dat is politiek, daar begeef ik me niet in."

Mariëtte van Beek

Koud ijs en warme tranen

IJs voor ontbijt. Een idee dat niet direct bij me opkwam toen ik van-
morgen na een lange reis in Syrië ontwaakte. Samen met Boeshra,
een goede vriendin uit Aleppo, ga ik vandaag de oude binnenstad
van Damascus bekijken.

Boeshra staat erop dat we eerst ijs in de Soek Al-Hamidiyeh
gaan eten. Ze heeft zich er al dagen op verheugd. Niet helemaal
overtuigd loop ik achter Boeshra aan, richting de Citadel, en
daarna onder de hoge bogen van de overdekte winkelstraat
door. Het is er rustig, en een deel van de winkels nog dicht. "We
zijn er al hoor!", roept Boeshra, net iets te uitgelaten. Ze wijst
op een pui met glanzende houten lijsten rond deuren en ramen,
de naam 'Bakdash' staat met bruine sierletters bovenaan.
Achter de ramen torenen hoge bergen wit ijs onder schitterende
kroonluchters omhoog. De ijssalon is binnen één groot decor
van spiegels en landschapstaferelen. Een gemengd gezelschap
van oudere mannen en vrouwen, een enkel jong stelletje en
een gezin met kleine kinderen zit al aan de tafels. We schuiven
aan bij twee oudere dames die ons vriendelijk toeknikken. Een
gezette man in een wit T-shirt komt de bestelling opnemen. In
een mum van tijd staan er twee roestvrij stalen schaaltjes voor
ons op tafel, tot ver boven de rand gevuld met ijs en groene
sprinkels bovenop. "Pistache?" vraag ik. Boeshra knikt alleen,
haar mond al vol. "Proef dan, dan snap je eindelijk waarom je
hier zo vroeg zit!" Lachend kijkt ze toe hoe ik mijn eerste hap

Foto: Luit Mols – De ijsverkopers van 'Bakdash'

neem. "Het is geen gewoon ijs maar *boeza*, ambachtelijk ijs
dat elke dag vers en volgens geheim recept bereid wordt." Ze
knikt naar een paar mannen die achter de toonbank met grote
houten stampers een soort wit deeg staan te stampen. Ik begrijp
meteen waarom dit ijs niet smelt, het is een wat taaie substantie
maar wel koud en, ik moet het toegeven: *ktir laziz*, verrukkelijk!
"Zie je wel! Welkom in mijn land!" De Syrische president en zijn
vader kijken vanaf twee schilderijen op de ijseters neer. Boeshra
is tevreden.

Iraanse pelgrims
Met het ijs in onze buik staan we even later aan de rand van de
soek. Voor ons rijzen hoge Romeinse pilaren op, daarachter de
muren en de sierlijk getekende minaretten van de Omajjaden-
moskee. Die moskee wil ik eerst gaan zien. "*Tammem*, prima,
jij bent de gast!", reageert Boeshra. Bij de zijingang van de
moskee hijs ik me in een lange grijze jurk met capuchon, de
verplichte dracht voor vrouwelijke toeristen. Boeshra draagt

al ruime kleren en een hoofddoek en kan direct passeren. Met onze schoenen in de hand lopen we de wijde binnenplaats op. Overal langs de kanten zitten en liggen mannen en vrouwen. De zwarte gewaden van groepjes vrouwen golven heen en weer over het plein, en contrasteren met de weelderige plantendessins in groen-geel mozaïek op de hoge moskeewand recht voor ons. "*Chadors*", verduidelijkt Boeshra, "er komen veel Iraanse pelgrims hier om eer te bewijzen aan Hoessein, de kleinzoon van de profeet Mohammed. Hij is een martelaar voor sjiieten. Zijn hoofd ligt hier begraven." Twee *moellahs*, Iraanse geleerden, met lichtbruine capes over de schouders en witte tulbanden op het hoofd passeren ons. We volgen hen door een deur links van het plein, de vele schoenen ontwijkend die daar in grote hopen rond pilaren liggen. We komen snel in een kleine groene gewelfde corridor. De tapijten op de vloer voelen zacht en kriebelig aan onder onze blote voeten. Bij de muur schuin tegenover ons verdringen mannen en vrouwen zich. Wat gebeurt daar? Vooraan buigt een vrouw haar hoofd in een kleine zilveren nis en kust deze. Ze maakt plaats voor de volgende pelgrim achter haar en het tafereel herhaalt zich. Een Iraanse man die

Foto: Piet Hermans – Iraanse pelgrims bij de Omajjaden-moskee in Damascus

me ziet kijken, legt in gebroken Engels uit: "*Head of Hoessein here*". Maar eigenlijk kunnen pelgrims helemaal niet zo dicht bij Hoessein komen, alleen door verguld rasterwerk verderop is de grote groene tulband op zijn graf te zien. De afstand belet bezoekers niet hun emoties de vrije loop te laten. Een vrouw in een grijs gebloemde chador naast ons zoekt houvast aan het hek terwijl de tranen over haar wangen rollen. Een oudere bebaarde man in colbert knipt een foto met zijn mobiel. "Heb je die groene draadjes aan het hekwerk gezien?" vraagt Boeshra fluisterend, "als je wilt kun je buiten een stukje stof kopen en dat hier bij Hoessein ophangen. Dat brengt je zegening en geluk, *baraka*!"

Goede moslimvrouw

Een kwartier later treffen we twee Syrische vrouwen in het portaal nabij de grote bidruimte van de moskee. Ze dragen sombere donkere jassen maar hun opgeruimde stemming compenseert ruimschoots de grauwheid van hun kledij. Net als hun kinderen die vrolijk de pilaren gebruiken om al slalommend tikkertje te spelen. Amal en Nadia hebben alle tijd en maken graag een praatje. "Komen jullie uit Damascus?" vraag ik. Nadia woont in Damascus, maar haar zus Amal niet. Amal verblijft een tijdje bij Nadia, haar dochter heeft zomervakantie en ze kunnen wel wat rust gebruiken. "Mijn man is een moeilijke man. Hij wil wel dat ik een goede moslimvrouw ben, maar het lijkt wel of hij zelf nergens in gelooft. Hij drinkt en houdt te weinig geld over voor ons om van te kunnen leven." "Kom je daarom ook naar deze moskee? Omdat je problemen hebt?" "Het helpt wel om hier te komen ja. Het is hier mooi en je kunt met vrouwen die jou niet kennen over je problemen praten. Dat is beter dan in je eigen woonplaats,

Foto: Piet Hermans. Pelgrims voor het graf van Yahya

daar roddelen ze toch maar over je. En ik vraag Allah natuurlijk
om hulp." Samen met Amal en Nadia loop ik even de moskee
in. Amal vertelt dat daar hun profeet Yahya, 'jullie Johannes de
Doper' begraven ligt. Als dat zo is, moet ik hem maar gedag
gaan zeggen. Maar ook Yahya zit achter tralies. Hij is bedolven
onder muntjes en bankbiljetten, een manier om toch contact
met hem te krijgen. Aan een Iraaks bankbiljet te zien heeft ook
een bezoeker uit het buurland dat geprobeerd.

Vaantjes met Jezus

'Iedereen kan zegeningen krijgen, als je er maar geld voor
neertelt.' Dat lijkt het motto van de Damasceense handelaren in
religieuze souvenirs. Ze staan strategisch opgesteld, even buiten de muren van de Omajjaden-moskee, maar ook niet ver van
de wegen die naar de stadspoorten Bab Toema en Bab Sherqi
en langs enkele orthodox christelijke kerken leiden. Naast
sleutelhangers van Hoessein kun je bij hen ook vaantjes met

Foto: Piet Hermans – In de soek van Damascus

Jezus of de Heilige Maagd Maria erop krijgen. De glazen blauwe oogjes die elke winkel op voorraad heeft, bieden bescherming tegen het Boze Oog en zijn niet aan een bepaalde godsdienst gebonden. Of zoals handelaar Oesama uitlegt: "Ze zijn goed voor iedereen. Overal heb je goede en slechte mensen. En die laatsten kun je maar beter vóór zijn." Ik vind dat hij wijs gesproken heeft, laat een flink aantal van de doordringende kijkertjes inpakken en geef Boeshra er ook een.

Een paar uur later, het is inmiddels al schemerdonker, lopen we huiswaarts. Op de kruizen van kerktorens schieten blauwe neonlampen aan, maar de groene lichten van de minaretten overheersen. Ze herinneren me aan de glinsterende kroonluchters in de ijssalon. "Morgen een echt ontbijt, hé Boeshra?"

Madelon Stokman

Speeddaten op de Golan

Door de oorlogen met Israël wonen de Circassiërs tegenwoordig
verspreid over heel Syrië. Om de eigen cultuur toch in stand te
houden, trouwen ze uitsluitend onderling. Op de Golanhoogte is
de vrijdagse ' huwelijksmarkt' een stevig Circassisch instituut. De
Circassische vrienden van Madelon Stokman nemen haar gastvrij,
maar bij voorbaat kansloos, mee uit flirten.

In een pick-up rijd ik samen met mijn vrienden vanuit Damascus
richting de Golanhoogte. Het is vrijdag en tijd voor ontspanning.
We laten de stad achter ons. In het politiek gevoelige gebied van
de Golan worden toeristen liever niet gezien. Maar mijn gastvrije
vrienden willen per se dat ik hun dorp bezoek. "Dan weet je ook
waar wij vandaan komen." De plaatselijke 'huwelijksmarkt' is een
fenomeen, en ze willen de vrijgezelle Nederlander ook graag
een kansje bieden.

Ruïnes
Om er ook nog een toeristisch uitje van te maken, rijden we
eerst naar Quneitra op de Golanhoogte. Nadia, haar broer en
neef geven me een rondleiding door de ruïnes van wat ooit een
belangrijke stad in de regio was. Voor de Circassische minder-
heid in Syrië was Quneitra tot 1967 zelfs de belangrijkste stad.
Maar nadat Israël de Golan bezette, vluchtten velen verder
landinwaarts, met name richting de hoofdstad Damascus.
Sinds 1974 ligt de stad in de gedemilitariseerde zone van Syrië.

Tegenwoordig bestaat het uit bouwvallen, en wordt het door de Syrische regering in stand gehouden als een soort monument, waar bezoekers door de geschiedenis kunnen lopen.

Door de oorlogen met Israël zijn de Circassiërs verspreid geraakt. Maar ze hechten grote waarde aan het behoud van hun eigen taal en tradities en trouwen kan dan ook alleen maar met een andere Circassiër. Tussen de ruïnes vertelt de neef van Nadia me iets over het belang van de huwelijksmarkt van vanavond. "Juist rites als het huwelijk zijn een belangrijk moment om de Circassische cultuur in ere te blijven houden. Tijdens de bruiloften worden er oude Circassische liederen gezongen en er wordt getrouwd in traditionele kleding." De neef gaat door met zijn enthousiaste rondleiding. Nadia kijkt af en toe verveeld op haar horloge. Vanavond is het misschien wel een keer raak, en zal ze eindelijk een goede man tegenkomen. Terwijl we door de lege straten met halve huizen en resten van een moskee lopen, vraagt Nadia zich hardop af wie er vanavond allemaal zullen zijn. Zal die ene leuke tandarts uit Aleppo ook komen? Of die dokter uit Damascus?

Speels oogcontact

Over smalle, kronkelende wegen rijden we naar het dorp van de familie, een paar kilometer verderop. Het gebied is zo goed als verlaten, het donkere wegdek oogt somber. Dan zien we steenblokken in de verte. Een trotse uitroep weerklinkt: "Dat is ons dorp!" We zijn niet de enige bezoekers, het dorp loopt elk weekend vol met jonge Circassiërs die niet alleen het ouderlijk huis aandoen, maar vooral ook op zoek zijn naar een partner. In de sfeervolle met tl-buizen verlichte woonkamer zitten we enigszins gespannen te wachten. "Ben je er klaar voor?" Als

de zon onder is, lopen we naar de hoofdstraat van het dorp.
De broer en neef van Nadia hebben een beter idee. "Spring
maar achterin, dan rijden wij je heen en weer." Ik hijs me in de
pick-up. Eenmaal in het centrum van het dorp aangekomen, kijk
ik mijn ogen uit. Waar komen al die jonge mannen en vrouwen
vandaan? Het staat er op de hoofdstraat vol met auto's. En langs
de weg zitten mensen op de heuvels te kijken naar het hele
schouwspel. Vluchtige gesprekken en speels oogcontact zijn
overal.

Mijn vriendin Nadia flirt er flink op los. Het is een mooie dame
met een prima baan, ze zou een goede vangst zijn tijdens de
huwelijksmarkt. Maar ook een kritische dame. Een potentiële
partner moet immers wel een man zijn afkomstig uit een familie
met een goede naam, en nog belangrijker: een baan met status.
We rijden in de auto heen en weer en worden vanaf de kant be-
keken. We worden getoond. De neef draait zich lachend naar mij
om. "Zie je al een goede kandidaat?" Als het te druk wordt met
auto's, ontstaat een ware file op de huwelijksmarkt. Rijden komt
er niet meer van, we besluiten de auto weg te zetten en langs
de kant te gaan zitten. Veel geluk heb ik echter niet. En Nadia
evenmin. Als het te koud wordt en iedereen langzaamaan de
moed laat zakken, besluiten ook wij weer terug naar Damascus
te rijden. Lichtelijk teleurgesteld, maar als we willen, kunnen we
volgende week weer gaan speeddaten op de Golan.

Foto: Madelon Stokman – Huwelijksmarkt op de Golan

Esseline van de Sande

Oem Nour: moeder van Nour

Familie en kinderen zijn belangrijk in Syrië. Bij elke nieuwe
ontmoeting zijn de eerste vragen: 'Waar kom je vandaan? Ben je
getrouwd? Heb je kinderen? Waarom niet? En: hoelang ben je al
getrouwd?' Familie is hét belangrijkste openbare gespreksonder-
werp waarover heel rechtstreeks wordt gecommuniceerd. In de
Syrische maatschappij is het krijgen van kinderen belangrijk.
Zowel in de Bijbel als in de Koran wordt verwezen naar de waarde
van kinderen en een gedeelde overtuiging lijkt dat je met kinderen
meer kans hebt op een verzorgde oude dag.

Foto: Luit Mols – Moeders en kinderen in de Grote moskee van Aleppo

Vanaf het moment dat onze dochter het levenslicht ziet in een ziekenhuis aan de voet van de Qassioen-berg in Damascus, leer ik een nieuwe kant kennen van de Syrische maatschappij. Ik ontdek de rituelen en gebruiken die samenhangen met kinderen en met het moederschap. Het moederschap is een transformatie in mijn positie in de Syrische cultuur. Ik realiseer me dat deze voorheen onduidelijk was. Een getrouwde vrouw zonder kinderen, hoe zit dat? Nu lijkt er geen twijfel meer te bestaan. Mensen plaatsen me meteen in een hokje als Oem Nour, moeder van Nour. De eerste vragen zijn nu: Hoe oud is ze? Wat is haar naam? Slaapt ze goed en geeft ze niet te veel problemen?

Kussen

In een van de vele parken die de stad Damascus rijk is maak ik een wandeling met haar. Een gesluierde vrouw komt op ons af, buigt zich over de kinderwagen en prevelt: "*Allah yagalilek yaha!*" Vrij vertaald: Moge God haar beschermen en haar voor altijd in gezondheid en voorspoed voor je behouden! Tot mijn verbazing zoent ze haar daarna op haar wang en loopt door. Ik knoop een gesprekje aan met een man die het tafereel vanaf een bankje heeft zitten bekijken en beken dat, hoe lief bedoeld ook, het me toch een beetje te ver gaat dat een wildvreemde mijn kleine meisje in het gezicht kust. Hij legt uit dat de kus een uiting is van de enorme liefde die Syriërs voor kinderen voelen. Kinderen zijn als het ware 'publiek bezit' en het is heel normaal dat ze door iedereen geknuffeld, aangeraakt en gekust worden op het hoofd, op de handjes of voetjes. "Doen jullie dat dan niet in Nederland? Houden jullie wel van ze?" Ik licht toe dat het in een Nederlands park meer een verbaal ritueel is om te laten merken hoe schattig je een vreemde baby vindt. Hooguit een aai over het bolletje of de wang, maar kussen gaat te ver. In de familiekring is het weer wat anders, ook alle ooms en tantes kunnen niet wachten tot we in Nederland zijn om onze dochter te knuffelen. Hij vindt die scheiding maar vreemd evenals het feit dat westerlingen zo weinig kinderen hebben. We wisselen nog even achtergronden uit, ik bedank de man voor zijn uitleg en vervolg mijn wandeling. Later overkomt het me nog een paar keer en legt een vriend me uit dat sommigen geloven dat het kussen van een jong nieuw leven geluk brengt aan diegene die zelf graag kinderen wil, maar ze niet kan krijgen.

Het Boze Oog

Ik koop brood bij de bakker op de hoek. Terwijl ik afreken komt de verkoper achter zijn toonbank vandaan en fluistert zoete woorden in de kinderwagen: *"Roehee, hyatee, entee helweh!"* Je bent mijn ziel, mijn leven, wat ben je mooi! Hij zegt dat de Syriërs geloven dat kinderen tot hun zevende jaar in contact staan met God, en engelen zijn. Ze worden als zodanig vereerd. Om hen te beschermen tegen het Boze Oog of onheil krijgen ze een klein blauw oogje opgespeld. Ook boven de wieg van onze dochter bungelt een diamanten oogje en een vriendin die op kraambezoek komt, spelt een tweede glazen oogje op haar mutsje.

Het hebben van een kind geeft een speciale status: deuren en harten gaan open en niets is te veel of ingewikkeld. Hoe meer kinderen, hoe meer status. Met slechts eentje horen we bij de beginners. *"Mabroek!"* Gefeliciteerd! en nu maar hopen dat de tweede een jongetje is, *inshallah*!, is een veelgehoord commentaar. Een zoon geeft meer aanzien dan een dochter. Maar omdat

Foto: Nico te Laak – Kinderen in Ba'oun

onze dochter niet zoals alle Syrische meisjes baby's oorbelletjes draagt, denken veel mensen toch dat ze een jongetje is. Behalve een klusjesman, die als ze nog geen twee maanden oud is haar een eerste huwelijksaanzoek doet en zegt dat hij op haar zal wachten. Ook een bedoeïen die ik leer kennen tijdens een kamelentocht door de woestijn schuift zijn driejarige zoon naar voren als ideale schoonzoon voor ons kleine meisje en wil mijn hand schudden om zijn voorstel te bezegelen. Ik weet dat hij een grap maakt maar voor de zekerheid antwoord ik toch: "*Wallah bakir!*" waarmee ik uitleg dat het nog te vroeg is.

Als we op een avond uit eten gaan, nemen we onze dochter mee en we zijn niet de enigen. Kinderen maken dag en nacht deel uit van het openbare leven. Wanneer we tegen middernacht het restaurant verlaten, komen er nog steeds nieuwe gasten met kleine kinderen binnen.

Maar tijdens ontmoetingen op straat en bij burenbezoekjes merk ik ook dat kinderen beslist niet alleen in de watten worden gelegd. Ik hoor ze huilen en ontdek dat hen soms met harde hand duidelijk wordt gemaakt wat de regels zijn, zodat ze beseffen dat de wereld niet alleen om hen draait maar ze een van velen zijn in het gezin. Vanaf het moment dat kinderen enigszins zelfstandig zijn, helpen ze met alles mee. In de soek zie ik een jongetje van een jaar of vijf met zware boodschappentassen sjouwen terwijl zijn net iets oudere zusje een babyzusje in haar armen draagt. Hun moeder is druk in gesprek met een vriendin en zoekt stoffen uit.

Moederdag
In Syrië is Moederdag een nationale feestdag waarop iedereen vrij heeft. Ik leer lovende spreekwoorden kennen over moeders zoals: 'Onder moeders voeten bevindt zich de toegang tot het paradijs! En mijn buurvrouw vertelt dat de profeet Mohammed moeders met vele uitspraken op de eerste plaats zet. Toen een van zijn volgelingen Mohammed de vraag stelde wie hij als eerste moest gehoorzamen, respecteren en met liefde behandelen was het antwoord: "*Oemaka, thoema oemaka, thoema oemaka, thoema aboek!*" Je moeder, daarna je moeder, daarna je moeder, daarna je vader!

Op een regenachtige winderige dag loop ik met Nour in een buikdrager over straat. Ik krijg de nodige reacties. Lachende gezichten, verbaasde gezichten en uitdrukkingen die mij het gevoel geven dat het beslist vreemd is dat ik mijn kind zo draag. De meeste ouders dragen hun baby los in of onder de arm.

Foto: Deborah Felmeth – '...een gedeelde overtuiging lijkt dat je met kinderen meer kans hebt op een verzorgde oude dag.'

In de bocht van de weg stopt een auto en ik krijg spontaan een lift naar huis aangeboden. "*Tfaddali*, alstublieft stapt u bij ons in!" Ik moet verbaasd gekeken hebben, want de bijrijdster haast zich om eraan toe te voegen dat het niet voor mij, maar voor de baby is. "Dit is geen weer voor een baby, straks vat ze nog kou!" Ik bedank en geef aan dat ik er bijna ben. De auto rijdt aarzelend door en de bestuurder zwaait nog even. Een baby van twee weken oud wordt zelfs als het hartje zomer is in dikke dekens gewikkeld. "Heerlijk hè, die regendruppels in je gezicht?" fluister ik tegen mijn dochter. Ze mag dan wel in Damascus geboren zijn, ze blijft ook een Nederlandse meid.

Mariëtte van Beek

Dragen vrouwen dit echt?

De soek in Damascus is een labyrint met vakjes. Elk vakje heeft
zijn specialisatie: kleding, stoffen en fournituren, speelgoed, pot-
ten en pannen, zelfs een sectie voor wasknijpers. Maar de lingerieafdeling steelt de show.

In het oude centrum van Damascus loopt een groepje vrouwen
al pratend een *hammam* in. Lachend gebaren ze mijn vriendin
Boeshra en mij mee te gaan, maar wij willen vandaag shoppen
en lopen verder, onder waslijnen vol smetteloos witte handdoeken door. We slaan willekeurig links- en rechtsaf straatjes

in, komen voorbij stalletjes met geurende kruiden, nougat met pistache, sesambrokken en gedroogde abrikozen. In *no time* zitten we midden in de bazaar.

"Een beetje kleur zou deze jassen al enorm goed doen!" merk ik op, als we in het kledingvak even stilstaan bij een rij etalagepoppen die stuk voor stuk in donkere, alles verhullende damesmantels zijn gestoken. Maar bij de volgende winkel is het niet veel beter. De variatie in de Damasceense *manteaux*-collectie zit hem vooral in de knopen en de kragen: wat groter of kleiner, met of zonder zilverkleurig detail of een bontje. "Misschien moeten de jassen juist niet opvallen en zo verhullen wat eronder zit?" Boeshra kijkt ondeugend. Resoluut neemt ze mijn arm en trekt me mee. We zijn snel in de Soek Al-Hamidiyeh, een passage die we al kennen. "Ik denk dat je de lingerieafdeling eerder over het hoofd hebt gezien?"

Achter de ramen van een kleine winkel hangt een collectie lingerie breeduit en zeer luchtig te zijn. In pastellinten, rood, zwart of tijgerprint, met kantjes en rouches, grote veren of zacht donzige pompoentjes. Dan krijg ik de strings met plastic nepmobieltjes aan de voorzijde in het vizier. "Wat is dát?" "Gewoon, wat je ziet, er zitten knopjes op waarmee je lampjes laat branden, of een ringtone afgaan." "Nee!" "Jawel!" Ik voel me plots een gluurder, en betrapt, en onwillekeurig kijk ik naar achteren. Niemand kijkt naar ons om. De eigenaar van de winkel, een kleine besnorde man in pantalon en overhemd staat in de deuropening en slaat ons vriendelijk gade. Hij wordt niet meer warm of koud van zijn collectie. "Boeshra, dragen vrouwen dit echt?" "Jazeker, en ze schaffen die bijzondere slipjes vooral aan voor de eerste nachten van hun huwelijk. Voor hun trouwen gaan ze met hun moeder, zus

of vriendin winkelen en kopen zo'n tien tot veertien setjes: broek-
jes, bh's en nachtgoed." "Heb jij dat ook gedaan?" "Natuurlijk!"
Ik wil alles weten. "Laten we wat gaan eten", oppert Boeshra.

Zorg voor uiterlijk

Net daarvoor had de oproep tot het gebed weerklonken en
ons eraan herinnerd dat er structuur in de dag hoort te zitten.
Onze magen kunnen inderdaad wel wat structuur gebruiken en
Boeshra leidt ons via Madhad Basha, oorspronkelijk de Romeinse
hoofdweg, de christelijke wijk door. Langs nauwe steegjes met
vervallen houten erkers en een wirwar van elektriciteits- en tele-
foonkabels. Even later zitten we op de overdekte binnenplaats
van een oud monumentaal huis, Beit Jabri, en eten er Syrische
mezze, een assortiment van hartige hapjes. Boeshra geeft
toelichting op het hele menu. "Je vergeet toch niet te vertellen
over jouw strings en jouw huwelijk, hé?" Boeshra proest het
uit: "In mijn tijd hadden we nog geen strings, maar ik weet nog
goed hoe ik me voelde toen ik mijn ondergoed ging kopen. Je
schaamt je vooral voor de mannen die zien wat je koopt. Dat
hoort niet, het is iets intiems. Alle mooie kleren en dat pikante
ondergoed in de soek zijn zaken voor binnenshuis. Het hoort

echt bij Syrische vrouwen. Mijn moeder leerde me al dat je zorg aan jezelf moet besteden. Elke dag, nadat het huis aan kant is, doe je andere kleren aan, je doet je haar en als getrouwde vrouw maak je jezelf ook op. En dat doe je dus niet alleen voor je man. Op vrouwenfeesten zie je dat ook, elke vrouw ziet er dan geweldig uit. Bij zulke gelegenheden en in het badhuis kijken moeders uit naar mogelijke vrouwen voor hun zonen. Ze bekijken hoe je je gedraagt en of je een mooi lijf hebt. Als je een tik op je rug krijgt, controleren ze hoe sterk je bent. Als ze je een noot aanbieden met het verzoek deze met je tanden te kraken kijken ze naar de staat van je gebit. Ze keuren je voor een Syrische prins." "En ben jij zó aan je man gekomen?" vraag ik, brandend van nieuwsgierigheid. Boeshra schatert het nog een laatste keer uit: "Aan mijn schoonmoeder zul je bedoelen!"

Kort na mijn gesprek met Boeshra hoor ik dat veel vrouwelijke expats in Syrië de strings als collector's items voor zichzelf en vriendinnen in het buitenland kopen. Bovendien zijn er niet alleen strings met mobieltjes maar ook met Pokémon erop. Plots moet en zal ik ze ook hebben. Ik ga er meteen tien halen. Boeshra is mijn chaperonne.

Bart Speleers

Bijkomen in het badhuis

Hoewel de meesten van de twee miljoen inwoners van Aleppo inmiddels over modern sanitair beschikken, is het bezoek aan een *hammam*, een islamitisch badhuis, nog altijd populair. Na een stoombad, een stevige massage en een glaasje mierzoete thee is de ontspanning compleet.

Het is drukkend warm in Aleppo. Na het op- en aflopen van de trappen van de Citadel ploffen mijn reisgenote en ik oververhit neer op een van de terrasjes op het plein voor de imposante burcht. In de reisgids lees ik dat de 'indrukwekkende, maar iet- wat toeristische' hammam Yalbougha an-Nasry in de buurt van de Citadel ligt. Het idee komt bij me op om na de inspannende

Foto's: Mariëtte van Beek

Hammam Nour ed-Din in Damascu

ochtendwandeling bij te komen in zo'n islamitisch badhuis. Yalbougha an-Nasry stamt uit 1491, maar is diverse keren in de geschiedenis vernietigd en weer opgebouwd. Nu is het een populaire trekpleister voor toeristen. Maar niet vandaag. Het is doodstil achter de gesloten hekken. Een voorbijganger legt ons met gebaren en in gebrekkig Engels uit dat Yalbougha onder renovatie is. Hij verwijst ons naar een andere hammam, die midden in de soek ligt. In een stoffig straatje vlakbij de grote moskee vinden we badhuis an-Nahaseen. De ingang, een onop- vallende openstaande deur, ligt tussen winkeltjes met stoffen, schoenen en kleding. An-Nahaseen dateert uit de dertiende eeuw, maar al eeuwen daarvoor bestonden er badhuizen in Syrië. De Romeinen introduceerden de badhuiscultuur in het land, waarna de islamitische veroveraars in de zevende eeuw na Christus het voor hen onbekende gebruik overnamen en zelf ook hammams gingen bouwen. Uit deze vroeg-islamitische periode zijn geen openbare badhuizen bewaard gebleven, maar er bestaan nog wel meerdere badhuizen die stammen uit de twaalfde en dertiende eeuw, zoals an-Nahaseen.

Grote wassing

Wie vanaf de straat een blik werpt door de poort van deze hammam, kijkt zo de rustruimte in, die enkele meters onder de begane grond ligt. Helaas is an-Nahaseen alleen toegankelijk voor mannen en moet mijn reisgenote buiten blijven. Als ik de trappen naar de rustruimte afdaal, word ik opgevangen door een jongen van een jaar of achttien. Hij begeleidt me naar een houten balie waar een forse, kale man me vraagt: "*You want everything*?" Ik kijk hem verbaasd aan. De man wrijft over zijn arm en maakt masseerbewegingen. "*Scrubbing, massage, tea*?" Ik antwoord bevestigend, waarop de man het bedrag van vijfhonderd Syrische pond (€ 6,50) op een papiertje schrijft. Volgens mijn reisgids is dit veel te veel, maar onderhandelen heeft geen enkele zin. De man zwaait met zijn armen. Vijfhonderd pond voor *the whole package* en geen pond minder. Ik schik in en betaal. De man pakt vriendelijk mijn portemonnee uit mijn handen, stopt hem in een van de vele houten kluisjes naast de balie en geeft me het sleuteltje. De jonge medewerker, die voortdurend is afgeleid door een voetbalwedstrijd op een kleine televisie, neemt me verder de rustruimte in. De zaal is indrukwekkend, met een hoog plafond, lichthouten lambrisering en een grote Arabische lamp die boven een fontein hangt. Aan de zijkanten staan verhoogde podia waarop rood-wit geblokte tapijtjes en rode kussens liggen. Houten afscheidingswandjes verdelen de podia in ruime lig- en zithoekjes met tl-lampen erboven. Aan de achterwand hangt een grote afbeelding van Bashar al-Assad, de president van Syrië. De jongen wijst me een lighoek waar ik me kan uitkleden, reikt me een klein hand-

Foto: Nico te Laak – Kijkje in hammam

doekje en een paar houten slippers aan, en loopt weg. Onwennig kleed ik me tot mijn onderbroek uit en sla de handdoek om mijn middel. Ik ga zitten met mijn benen over de rand van het podium en kijk wat rond. Veel gasten zijn er niet. Een paar hokjes verderop zitten twee mannen ingepakt in handdoeken druk te praten en aan hun thee uit Arabische glaasjes te nippen. Het islamitische badhuis is een ontmoetingsplaats, maar heeft naast deze sociale ook een belangrijke religieuze functie. In de hammam kunnen moslims zich ritueel reinigen. Dat geldt onder meer voor de *ghoesl*, de grote wassing, die de islamitische wet voorschrijft bij een aantal gebeurtenissen, zoals na geslachtsverkeer en de menstruatie en voor het wekelijkse vrijdaggebed. Tijdens de ghoesl wast een moslim het hele lichaam drie keer. Het is niet verplicht de grote wassing in een hammam te verrichten, het kan ook gewoon thuis in de badkamer, maar de reiniging in het badhuis blijft populair.

Krakende botten

Zodra de jongen merkt dat ik klaar ben, rukt hij zich los van de voetbalwedstrijd op tv en komt naar me toe. Zonder gêne trekt hij aan de knoop van mijn handdoek en kijkt naar beneden. Hij lacht en gebaart dat ook mijn onderbroek uit moet. Onhandig trek ik mijn boxershort onder de handdoek uit en loop achter de jongen aan naar een wit, betegeld vertrek waar ik naast een marmeren wasbak tegen de muur aan moet gaan zitten. De jongen wast mijn haar en geeft een intensieve en erg ontspannende hoofdmassage. Na het afspoelen tikt hij me aan en wijst me de weg naar een ronde ruimte met drie nisjes en een koepel. De nisjes zijn gevuld met stoom en afgesloten met groezelige gordijntjes. Na tien minuten in een van de nisjes kom ik bezweet en wat kortademig naar buiten. In de koepelruimte speelt een groep volwassen mannen en kinderen luidruchtig verstoppertje, maar houdt daar mee op zodra ze me zien. Een voor een stellen Mehmed, Ali, Mahmoed en de anderen zich voor. Engels spreken kunnen ze niet, dus het blijft bij wat vriendelijk geknik. Dan wenkt een oud, mager mannetje met een grijze snor me. De masseur. In een zijruimte zegt hij "*sleep*" ten teken dat ik moet gaan liggen. Wat volgt is een grondige scrubbehandeling van top tot teen met olijfzeep uit Aleppo en een ruwe washand. Af en toe laat de masseur rolletjes dode huidcellen zien, die hij vervolgens op de grond gooit. Na een spoelbeurt krijg ik een hardhandige massage van armen, borst, rug en bovenbenen. De oude man drukt op mijn ruggengraat en leunt met zijn volle gewicht op mijn borst. Her en der kraken botten. Bij de massage van mijn nek en schouders komt de man tegenover me zitten en laat zijn hoofd tegen die van mij rusten. Terwijl hij mijn nek masseert, bekijk ik zijn borst en ruik zijn zweetlucht. Door deze intieme houding kan ik me moeilijk ontspannen. "*I ready*", zegt de masseur en spoelt me voor de laatste keer af. Terug in de rustruimte wikkelt de jongen me strak in met grote, witte handdoeken en begeleidt me naar mijn rusthoek. "*Sleep*", zegt hij. Liggend op mijn tapijt zie ik voor de ingang van de hammam winkelende vrouwen in *chadors* langs schuifelen. Een brommer rijdt voorbij en de rustruimte vult zich met benzinelucht. Terwijl ik naar het houten plafond staar, zet de kale man stilletjes een glaasje mierzoete thee op een koperen schaaltje naast me neer. Als ik de thee op heb, doezel ik weg.

Hoe ontspannend deze middag was, merk ik pas goed als ik de hammam verlaat. De hectiek van alledag glijdt langs me heen als ik wat rozig en stram mijn weg zoek door de overvolle soek.

Reisinformatie

ariëtte van Beek

Ambassades

Jordaanse ambassade

In Nederland: Badhuisweg 79, 2587 CD Den Haag,
tel. 070-4167200, website: www.jordanembassy.nl.
In België: Franklin D. Rooseveltlaan 104, 1050 Brussel,
tel. 02-640-7755, website: *www.jordanembassy.be*.

Syrische ambassade

Franklin D. Rooseveltlaan 3-5, 1050 Brussel,
tel. 02-6480135/6480958, website: *www.syrianembassy.be*

Consulaat van Syrië

Laan van Meerdervoort 53d, 2517 AE Den Haag, tel. 070-3469795.

Nederlandse ambassades

In Jordanië: Abubakr Al Sarag Street 3, Abdoun al-Shamali, Amman,
tel. +962-6-5902200, website: *www.mfa.nl/amman*.
In Syrië: Abou Roumaneh, Al Jalaa-Street, Tello Building 116,
Damascus, tel. +963-11-3336871, website: *www.mfa.nl/dmc*.

Belgische ambassades

In Jordanië: Hawari Boumediene Street, Jabal Amman, Amman,
tel. +962-6-5931859, website: *www.diplomatie.be/ammannl*.
In Syrië: Salaam Street 10, 2de en 3de verdieping, Mezzé, Oost-Damascus,
+963-11-61399931, website: *www.diplomatie.be/damascusnl*.

Communicatie

Post vanuit Jordanië en Syrië naar Nederland/België is een tot twee
weken onderweg. Postzegels zijn verkrijgbaar bij postkantoren en
souvenirwinkels en bij de receptie van de grotere hotels.
Zowel in Jordanië als Syrië kun je overal telefoonkaarten in verschillende

coupures voor commerciële kaarttelefoons kopen. Er zijn voldoende telefooncellen waar je ze, naast muntgeld, kunt gebruiken. Internationaal bellen vanuit hotels is in beide landen altijd de duurste optie. Mobiel bellen is overal mogelijk, maar in weinig verstedelijkte regio's kan het bereik minder zijn. Check bij je provider of deze overeenkomsten heeft met de providers in Jordanië en Syrië. In de grote steden in Jordanië en Syrië zijn internetcafés. Daarnaast bieden de meeste grote hotels en telefoonkantoren internetfaciliteiten. Wi-Fi zones zijn in opkomst.

Documenten en visa
Voor Jordanië en Syrië dien je in het bezit te zijn van een geldig paspoort en een visum. Het paspoort dient bij terugkomst in Nederland of België nog minstens zes maanden geldig te zijn. Het visum is verkrijgbaar bij aankomst op een internationale luchthaven of grensovergang en is vier weken geldig. Bij georganiseerde reizen door Jordanië en Syrië wordt meestal gebruik gemaakt van een (voordelig) groepsvisum dat door de touroperator wordt aangevraagd. Houd er rekening mee dat in je paspoort geen stempel mag staan dat naar een bezoek aan Israël verwijst. Het is raadzaam altijd het paspoort op zak te hebben, zeker in de grensgebieden waar regelmatig controles plaatsvinden.

Elektriciteit
In beide landen bedraagt de stroomsterkte meestal 220 Volt. Nederlandse stekkers passen vaak niet in de stopcontacten. Voor het gebruik van elektrische apparaten is een wereldstekker aan te raden (verloopstekkers zijn niet altijd in voorraad bij de hotels!).

Eten en drinken
De Jordaanse en Syrische keukens lijken veel op elkaar. In beide landen zijn de eetgelegenheden grofweg in twee categorieën op te delen: de

snelle haptentjes en de wat duurdere en deftige restaurants. De typische meeneemhappen zijn erg goedkoop en lekker. Zo zijn er broodjes gevuld met: *falafel* en *hoemoes* (gefrituurde balletjes gemaakt van gemalen groene bonen met een sausje van gepureerde kikkererwten en sesam), *foel* (bruine bonen met veel olie), *shawarma* (gemarineerd lamsvlees dat aan een grote spies is gestoken en waarvan dunne plakjes worden afgesneden) en *kibbeh* (gefrituurde balletjes gemaakt van een mix van vlees met bloem en uitjes). In beide landen kun je in de wat goedkopere ziteethuisjes vaak alleen maar *kebab* (gegrild gehakt), shawarma of *faroej* (gegrilde kip) eten. Deze gerechten worden doorgaans geserveerd met *khoebz tanoer* (het typische platte brood) en gemengde salade van tomaten, verse peterselie en komkommer. Voor degenen die wat meer variatie willen, zijn de wat duurdere restaurants aan te raden. Erg lekker zijn de zogenaamde *mezze* (verschillende kleine hapjes en salades) en *mensaf*, een typisch bedoeïenengerecht dat bestaat uit lamsvlees geserveerd met rijst en pijnboompitten. Als toetje moet je zeker een van de vele zoete puddinkjes of gebakjes proeven. Na de maaltijd wordt traditioneel thee gedronken.

Thee, verse vruchtensappen en zoete limonade zijn in beide landen overal te koop. Hoewel de islam officieel het drinken van alcohol verbiedt, is dit makkelijk verkrijgbaar, ook buiten de grote hotels. In Jordanië verkoopt men veel buitenlands bier (o.m. Amstel) onder licentie. In Syrië wordt alcohol verkocht in slijterijen en in Jordanië vind je het ook bij de grotere kruideniers en in supermarkten. Het lokale Syrische bier (Barada en Al-Sharq), gebotteld in grote flessen van 1 liter, is licht maar goed te drinken. Naast het Syrische bier zijn de in Libanon geproduceerde Almaza en Laziza verkrijgbaar. De lokale wijnen zijn in beide landen heel redelijk. Verder is er nog een keur aan lokale en buitenlandse likeuren en ander sterke dranken (*araq*).

Feestdagen

Feestdagen in Jordanië en Syrië zijn te verdelen in religieuze (islamitische, christelijke) en nationale feestdagen. De laatste zijn afgestemd op de Gregoriaanse kalender en verschillen per land. De islamitische feestdagen zijn voor beide landen hetzelfde. De islamitische jaartelling is gebaseerd op de maankalender (de *hijra* kalender) en heeft 10 à 11 dagen minder dan het westerse zonnejaar. Elk jaar vallen de islamitische feestdagen dus 10 à 11 dagen eerder dan het jaar ervoor. De belangrijkste feestelijke perioden en -dagen zijn de Ramadan (vastenmaand), Eid al-Fitr (Suikerfeest), Eid al-Adha (Offerfeest), Ras as-Sana (Islamitische Nieuwjaar) en Moelid an-Nabi (Geboortedag van de profeet Mohammed). De data van deze feestdagen vind je onder andere op *www.beleven.org/feesten*. Nieuwjaarsdag en de christelijke feestdagen Kerstmis en Pasen zijn in Jordanië en Syrië officiële feestdagen.

Voor Jordanië gelden o.a. de volgende feestdagen:
• 22 maart: Dag van de Arabische Liga
• 1 mei: Dag van de Arbeid
• 25 mei: Onafhankelijkheidsdag
• 10 juni: Viering van de Grote Arabische Opstand
• 11 augustus: Dag dat koning Hoessein de troon besteeg
• 14 november: Verjaardag van wijlen koning Hoessein

Voor Syrië gelden o.a. de volgende feestdagen:
• 22 februari: Dag van de Unie
• 1 maart: Dag van de Revolutie en Vrouwendag
• 21 maart: Moederdag
• 22 maart Dag van de Arabische Liga
• 17 april: Onafhankelijkheidsdag
• 6 mei: Dag van de Martelaren
• 6 oktober: Dag van de Oktoberoorlog
• 14 december: Boerendag

Fotograferen

Vraag altijd toestemming als je mensen wilt fotograferen.Vrouwen en biddende mensen willen vaak niet gefotografeerd worden. Het is verboden om te fotograferen in militaire- en grensgebieden.

Geld

In Jordanië en Syrië vind je in de grotere steden en toeristenplaatsen pinautomaten. Kijk voor de actuele stand van zaken onder andere op *www.mastercard.com* (onder ATM Locations). Let er daarbij op dat voor plaatsnamen soms de lokale transcriptie wordt aangehouden. Damascus is bijvoorbeeld Dimashq. Neem voor de zekerheid ook een bedrag aan contante euro's mee voor het geval de geldautomaat defect is. Creditcards worden in de grotere hotels en restaurants geaccepteerd. De Jordaanse munteenheid is de *dinar* (JD). Een dinar is 10 *dirham* of 100 *qirsh/piaster* of 1000 *fils*. Soms is het lastig om prijzen te achterhalen omdat niet aangegeven wordt of men dinar, dirham of piaster bedoelt. De Syrische munteenheid is de *lira* (LS) ofwel het Syrische pond. De lira is verdeeld in 100 *qirsh/piaster*. Kijk voor de dagkoersen op *www.wisselkoers.nl*.

Gezondheid

Hoewel inentingen voor Jordanië en Syrië niet verplicht zijn, worden vaccinaties tegen DTP en Hepatitis A aangeraden. Uitgebreide en actuele informatie over vaccinaties wordt in Nederland verstrekt door het Landelijk Coördinatiecentrum Reizigersadvisering (*www.lcr.nl*), in België door het Instituut voor Tropische Geneeskunde in Antwerpen (www.itg.be). Voor een advies op maat wordt je aangeraden vier tot zes weken voor vertrek contact op te nemen met je huisarts, GGD of Vaccinatiecentrum. Laat altijd de geplande reisroute zien. Zie verder: *www.gezondopreis.nl*.

Inkopen

Voor inkopen kun je beter in Syrië dan in Jordanië terecht. De soeks
van Aleppo en Damascus zijn de ideale plaatsen om mooie spullen te
kopen. Stoffen, sjaals, gouden en zilveren sieraden, tapijten, houtwerk,
traditionele kledij, kruiden, alles is hier te verkrijgen voor een zeer
goede prijs. Als je tenminste gaat onderhandelen over de prijs. Neem
vooral de tijd voor het afdingen, het gaat niet alleen om wat je koopt
maar ook om het goed houden van de relatie.

Fraaie handgemaakte moderne produkten voor een (veelal) vaste prijs
zijn in Jordanië te vinden in de winkels en showrooms van de Noor
al-Hussein Foundation (*www.nooralhusseinfoundation.org*), de River
Jordan Foundation (*www.jordanriver.jo*, inclusief online catalogus) en de
Royal Society for the Conservation of Nature (RSCN, *www.rscn.org.jo*). Door
bij hen te kopen, steun je projecten ten behoeve van lokale gemeen-
schappen, vrouwen, gehandicapten en de natuur. In Amman zijn verder
de galeries met moderne kunst uit Jordanië en de rest van het Midden-
Oosten interessant voor liefhebbers.

Klimaat en kleding

In beide landen zijn de winters (november-maart) koud en nat en de
zomers (april-november) droog en heet. In Jordanië zijn bovendien nog
diverse klimaatsoorten door de hoogteverschillen. Zo is Aqaba in de
winter mild, terwijl er in de rest van het land sneeuw kan liggen. In Syrië
is de kuststreek koeler dan het binnenland.

In het zomerseizoen kun je het beste makkelijke kleding meenemen
(liever geen shorts, minirokjes of hemdjes), goede dichte wandelschoenen, eventueel sandalen, een zonnebril, zonnehoed of sjaal, badkleding
en een trui of dunne jas voor de avonden. In de winter is een regenjas
geen overbodige luxe. Daarnaast kunt je een paar dikke truien, een
warme jas en stevige wandelschoenen meenemen.

Kranten en tijdschriften

In Jordanië verschijnt een redelijk goede Engelstalige krant, The Jordan Times (*www.jordantimes.com*). Ook zijn er internationale kranten en tijdschriften te verkrijgen (Engels, Frans, Spaans en Duits).

Syrië kent een lokale Engelstalige krant, The Syria Times, de tegenhanger van het Arabische Tishreen, die echter weinig wereldnieuws biedt en soms een tijdlang niet verschijnt. Buitenlandse kranten en tijdschriften zijn (onregelmatig) verkrijgbaar in de grote steden.

In Nederland verschijnt drie keer per jaar ZemZem (*www.zemzem.org*), een onafhankelijk tijdschrift over het Midden-Oosten, Noord-Afrika en de islam.

Omgangsvormen

Jordaniërs en Syriërs gebruiken veel gebaren tijdens hun conversaties. Zowel in Jordanië als Syrië kunnen vrouwen redelijk relaxed reizen. Wel is het verstandig om 'discrete' kleren te dragen. Laat je vooral niet van de wijs brengen door bepaalde groepen Jordaanse en Syrische vrouwen die in de steden in weinig verhullende kledij over straat gaan. De ideeën over wat gepast en niet gepast is, veranderen wel maar niet zo snel. Lange broeken, niet te korte rokken en ruimvallende blouses/shirts die de schouders en lage halsstreek bedekken zijn daarom nog altijd aan te bevelen. In dorpen is het ongepast om naar theehuizen te gaan of andere plaatsen waar alleen mannen komen. Probeer direct oogcontact met mannen te vermijden, want dit wordt meestal als een uitnodiging opgevat. Om dezelfde reden kijken vrouwen in Jordanië en Syrië ervoor uit dat ze zich alleen in een ruimte met een vreemde man bevinden. Het is beter hier ook op te letten als je wordt onthaald bij een man thuis: is de rest van de familie wel aanwezig? Of laat je voor alle zekerheid begeleiden door een reisgenoot. In het algemeen heb je minder problemen als je een bepaald zelfvertrouwen uitstraalt. Mocht je toch worden lastiggevallen dan kun je het proberen te negeren of laat duidelijk merken dat je hier niet van gediend bent. Woorden als *eib* of *haraam* (schaam u!, schande!) kunnen hierbij van pas komen.

Openingstijden

Jordanië: Overheidsinstellingen, waaronder de meeste toeristenbureaus, zijn in de regel van zaterdag tot donderdag van 8.00 tot 14.00 uur geopend. Banken zijn behalve op vrijdag en zaterdag tussen 8.30 en 15.00 uur open. De openingstijden van postkantoren variëren per plaats, maar liggen gewoonlijk tussen 8.00 en 18.00 uur. Vrijdag sluiten ze rond 14.00 uur. De winkels zijn dagelijks geopend van ongeveer 8.30 tot 20.00 uur. Op vrijdag neemt een beperkt aantal winkeliers vrijaf, maar is de straathandel vaak extra levendig.

Syrië: Overheidsinstellingen en ook de meeste banken zijn dagelijks (behalve op vrijdag en zaterdag) geopend van 8.00 tot 14.00 uur. Andere kantoren en winkels houden dezelfde tijden aan, maar openen 's middags weer van ongeveer 16.00 tot 19.00 uur. Ook de postkantoren kennen ruimere openingstijden. De meeste musea en attracties zijn dinsdags dicht.

In Jordanië en Syrië zijn de kleine wisselkantoren de gehele week en tot 's avonds laat geopend. In de winter sluiten veel toeristenattracties, banken, kantoren en winkels in beide landen eerder. Tijdens de Ramadan en feestdagen zijn de openingstijden ook overal beperkt.

Taal

In Jordanië en Syrië wordt Arabisch gesproken. Met name in Jordanië spreken de meeste mensen redelijk tot goed Engels (in de grote hotels wordt ook goed Duits en Frans gesproken). In Syrië kan men beter terecht met Frans, maar lang niet iedereen beheerst deze taal. Het is daarom handig en ook leuk om wat uitdrukkingen in het Arabisch te leren (zie woordenlijst pag. 94).

Tijdverschil

In Jordanië en Syrië is het één uur later dan in de Benelux.

Transport

In Jordanië rijden in de grote steden witte servicetaxi's en gele taxi's. De witte rijden volgens een vaste route (aangegeven in het Arabisch op de deur) en pikken onderweg passagiers op. De gele taxi's zijn als onze taxi's; ze hebben een meter die de ritprijs aangeeft. Tussen de grotere plaatsen rijden volgens vaste tijdschema's de luxe JETT-bussen, hiervoor moet je tijdig tickets reserveren. Verder kun je nagenoeg alle plaatsen bereiken met minibussen en servicetaxi's. Deze vertrekken wanneer er voldoende passagiers aanwezig zijn. Wel houden ze meestal rond 17.00 uur op met rijden. Vanuit de meeste hotels in Amman is het mogelijk om een auto te huren. De kwaliteit van de wegen naar de toeristengebieden is matig. Plaatsnamen zijn zowel in het Arabisch als Engels vermeld. Vanuit Amman zijn er regelmatig vluchten naar Aqaba. In de Syrische steden rijden alleen gewone taxi's met een meter. Voor het interlokale transport kun je gebruik maken van de goedkope Karnak-bussen van de overheid of de duurdere van de commerciële busmaatschappijen. Van Damascus naar Amman en Beiroet rijden ook servicetaxi's. Tussen Damascus en Aleppo is bovendien een comfortabele treinverbinding. Als de werkzaamheden volgens plan verlopen, kan voor de reis Damascus-Amman (en vice versa) vanaf 2010 weer gekozen worden voor de legendarische Hedjaz Railway.

Veiligheid

Reisadviezen en actuele informatie over de veiligheid in Jordanië en Syrië vind je op de websites van het Nederlandse en Belgische ministerie van Buitenlandse Zaken (*www.minbuza.nl* en *www.diplomatie.be*).

Samenstelling: Kees van Teeffelen. Update: Mariëtte van Beek.

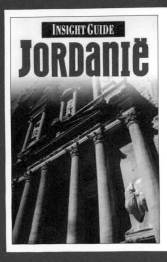

Woordenlijst Arabisch

Goedendag/ welkom
Marhaba/ahlan wa-sahlan

Tot ziens/ dag
Ila l-liqa/ma`a s-salama

Aangenaam
Foersa sa`ieda

Hoe gaat het met u?
Keef haal-ak? (tegen man)
Keef haal-ik? (tegen vrouw)
of: Sh-loen-ak? (tegen man)
Sh-loen-ik? (tegen vrouw)

Goed, God zij geprezen
Bi-kheer/kwayyis (man),
el-hamdoe li-llah
Kwayyisa (vrouw), el-hamdoe li-llah

Wat is uw naam?
Shoe ism-ak? (tegen man)
Shoe ism-ik? (tegen vrouw)

Mijn naam is ....
Ism-ie ....

Spreekt u Engels?
(Hal) btahki ingliezi?

Een beetje
Shwaiya

Ja
Aywa/na`am

Nee
Laa

Ik begrijp het niet
Maa-bifham/la ifham

Ik heb het begrepen
Fhimt

Dank u wel
Shoekran

Ik kom uit Nederland/ België
Ana min hoelanda/beljika

Ik wil ...
Biddie ... /oeried ....

Water/ thee/ koffie
Mai/shai/(q)ahwa

Okay
Tayyib

Goed
Kwayyis, jayyid

Geld
Floes

Hoeveel kost dit?
Qadddeesh haadha?

Dat is duur / goedkoop
Haadha ghalie /rakhies

Waar is het toilet?
Ween twalet?

Hotel / restaurant
Foendoeq/mata`am

Bank / wisselkantour
Bank /masraf

Naar links
`Ala yasaar/shimaal ....

Naar rechts
`Ala yamien ....

Rechtdoor
Doeghrie ....

1	*waahid*	20	*`ashrien*
2	*ithneen*	30	*thalatien*
3	*thalathaa*	40	*arba`ien*
4	*arba`a*	50	*khamsien*
5	*khamsaa*	60	*sittien*
6	*sittaa*	70	*saba`ien*
7	*saba`a*	80	*thamanien*
8	*thamanyaa*	90	*tisa`ien*
9	*tisa`a*	100	*miya*
10	*`asharaa*	1000	*alf*

Uitspraak
j = als 'dj' in James
h = uitgesproken als hijgende 'h'
sh = 'sj' zoals in sjofel
kh = als harde 'g'
gh = tussen 'r' en 'g' als in het Franse Paris
th = als 'th' in het Engelse thing
dh = als 'th' in het Engelse that
` = een keelklank die benaderd wordt door de 'a' diep in de keel uit te spreken
q = 'k' achter in de keel uitgesproken

De best bruikbare gids voor de regio is:
Taalgids Woordenboek Wat & Hoe, Arabisch Egypte, Uitgeverij Kosmos.

Samenstelling: Mariëtte van Beek

Verdere informatie

Boeken

- *De zeven zuilen van wijsheid,* T.E. Lawrence (Athenaeum-Polak & Van Gennep). Meesterwerk van de legendarische archeoloog en militair over zijn belevenissen en ontberingen, overwinningen en nederlagen in de Hedjaz.
- *Islam is een sinaasappel,* Maurits Berger (Pandora). Auteur ontdekt dat het soefisme, de islamitische mystiek, een grote rol speelt in het dagelijks leven van Syrische moslims.
- *Koningin Noor van Jordanië – Een leven in het teken van vrede. Memoires* (Arena). Autobiografie waarin koningin Noor inzage geeft in de dagelijkse situatie aan het Jordaanse hof.
- *In limbo. Op de grens van Syrië en Irak,* Marcel Kurpershoek (Augustus). Een verhelderend relaas over de gevolgen van de bestuurlijke herindeling in Midden-Oosten.
- *Dromen van een Arabische Lente,* Petra Stienen (Nieuw Amsterdam). Diplomate beschrijft hoe ze zich als diplomate inzet voor de mensenrechten in het Midden-Oosten.
- *Ik woonde in een grot,* Marguerite van Geldermalsen (Poema). Levensverhaal van een Nederlandse die trouwt met een bedoeïen uit Petra en daar jaren met haar gezin in een grot woont.
- *Insight Guide Jordanië* en Dominicus gids *Jordanië* (Mariëtte van Beek en Ineke de Haan) zijn uitstekende reisgidsen.

Websites

- *www.syriatourism.org* de officiële site van het Syrische ministerie van Toerisme.
- *www.visitjordan.com* de officiële site van de Jordan Tourism Board.

Meer informatie over boeken en websites vind je op *www.tegastin.nl*